好教师是"养"出来的

出来的 校长的管理启示

If You Don't Feed the Teachers,
They Eat the Students!

[美] 内拉·A.康纳斯（Neila A. Connonrs）/著　　杨华　刘芸/译

西南师范大学 出版社

国家一级出版社 全国百佳图书出版单位

图书在版编目（CIP）数据

好教师是"养"出来的：校长的管理启示 /（美）
康纳斯（Connonrs,N.A.) 著；杨华，刘芸 . — 重庆：
西南师范大学出版社，2015.12

书名原文：If You Don't Feed the Teachers,
They Eat The Students!

ISBN 978-7-5621-7746-3

Ⅰ.①好… Ⅱ.①康… ②杨… ③刘… Ⅲ.①教师 -
修养 - 研究 Ⅳ.① G451.6

中国版本图书馆 CIP 数据核字 (2015) 第 308313 号

好教师是"养"出来的
——校长的管理启示

著　　者：[美]内拉·A.康纳斯（Neila A. Connonrs）

译　　者：杨 华 刘 芸

责任编辑：张昊越　张燕妮

封面设计：畅想 设计

排　　版：重庆大雅数码印刷有限公司·瞿勤

出版发行：西南师范大学出版社　地址：重庆市北碚区天生路 1 号
邮编：400715 市场营销部电话：023-68868624

经　　销：新华书店

印 刷 厂：重庆市国丰印务有限责任公司

开　　本：720mm×1030mm 1/16　　**印　张：**9.75　　**字　数：**100 千字

版　　次：2016 年 2 月第 1 版　　**印　次：**2016 年 2 月第 1 次印刷

著作权合同登记号：版贸核渝字（2015）第 320 号

书　　号：ISBN 978-7-5621-7746-3

定　　价：30.00 元

致 谢

　　谨以此书献给盖·班尼特（Guy Bennet），一个好人，一个卓越的教育管理者。

　　初遇盖·班尼特是在 1983 年。当时，我在佛罗里达州的威尼斯，即他所在的学校实习。为了写博士论文，我着手对他的教育咨询项目进行研究。一踏进他的学校，我就被那里友好、温暖的气氛所吸引。经过一天的观察，我问盖，为何要刻意营造这种友好、温暖的氛围。盖回答说："我相信两样东西。第一，要想有所成就，我就得像啦啦队长，要站在球场边为运动员，即我的教职员工们加油助威——我得赞赏他们的一切，包括他们所有的努力，以及他们甘愿担当的所有风险。我绝不会因个别人的错误而惩罚全体员工。"

　　他接着说："第二，我相信，教师要是'挨了饿'，就会'吃掉'学生。我得尽全力保证我的教师们得到应得的赞扬、支持和认可。他们才是在教育第一线直接面对学生，完成教育使命的人。"从那天起，我开始逐步认识到什么样的教育管理者才是好样的，也认识到这些优秀管理者们奉行的"盖主义"，然后，就有了这本书。

奥罗·L·戴（Orlo L.Day）当了盖十六年的校长助理。他说："盖·班尼特是杰出的校长。他擅长把不同背景、不同性格的教师融合在他的一个大家庭里，每个人都善用上天赋予的才能做着贡献，帮助学生在认知和个性上不断成长。"我深深地怀念着盖，在这本书里，我会讨论盖留下的教育管理思想，以此作为对他的纪念。

我们看着你呢！盖，我们爱你。

目 录

第一章　刺激你的胃——请看菜单

最好的教师永远不会忘掉当学生的感受。

最好的教育管理者永远不会忘掉当教师的感受。

——内拉·A.康纳斯（Neila A.Connors）

本书不是一本研究著作,重点不是要做以调查研究为基础的理论推演。 这里的一切都来自个人的观察、讨论、经验、跟踪访问以及常识,如弗兰克·辛纳特纳说的:"以我自己的方式来做。"

所以,如果你是一个喜欢用左脑的人,是一个喜欢用数据、微观管理策略或者是所谓深入研究的方式来论证一切的人,那么,这本书不是你的"菜"。 反之,如果你想寻求一些实用的具体操作方法,想成为一名好的教育管理者,那么,这本书值得你读下去,这个过程一定会充满乐趣。 愿你充分享受这个过程,祝你"用餐愉快"。

我为什么写这本书?

教育是项极其严肃的事业,需要身在其中的每一位贡献一份力量,这样才能教好学生,对他们产生积极影响。 它需要教师具备奉献精神,竭尽全力履行职责。 如今大家都知道教师不好当,为什么呢?

众所周知,教师要面对的是学生以及他们从家里带到学校的一切。 每天来到学校的孩子们,他们有的来自健全幸福的家庭,家长能真正地认识良好教育的重要性,懂得教育孩子自我控制;有的则可能是留守儿童,他们拥有的不过是空空如也的冰箱以及家长空洞的承诺。 通常情况下,家人都希望孩子们在学校是安全的、不会饿着,会有人帮助他们实现各自的梦想。 正如埃莉诺·罗斯福

(Eleanor Roosevelt)所说："未来属于相信自己梦想的人。"

教师可以成就孩子们的一天，也可以毁掉孩子们的一天，最终影响他们的未来。教师的力量就在那儿明摆着——无论这种力量是积极的还是消极的。教育也是如此。我们必须不懈努力，要知道，我们在教书育人，因而是触摸未来的人。教室的门一旦关上，剩下的就是教师和学生们，教师就开始影响学生。因此，为了确保教师对每个学生都施以积极的影响，我们必须营造一个专业的、既让人放心又充满激情的环境。在这样的环境中，人人都被欣赏、被倾听、被尊重。而校长作为学校的管理者，在营造这种环境上起着关键作用。

我为什么写这本书？我在学校待过很长时间，与教师和管理者都共事过，我觉得有必要来做个反思。就我个人经历来看，可以十分肯定地说，只有在成功的教育管理者的领导下，学校才有可能走向成功。显而易见的是，只有在一个杰出的、有远见卓识的管理者当"大厨"的情况下，学校才会富有生气，才能生存。反之，当一个平庸的人，一个心中没有一团火的人来领导一个学校时，再怎么有声誉的学校也会走向没落。

成功的校长会不断"喂养"教师，确保他们不会去"蚕食"学生。我的意思是：好的校长要把精力放在营造一个好的教学环境上，激励教师，使他们敢于冒险，当好学生的导师——在通往成功的道路上当好学生的引路人。高效率的校长会不断询问、指导、引领、交流、鼓励教师，他们还敢于尝试，不怕冒险。 他们明确指出，教学楼里所有的人都很重要。 这种校长会不惜一切，极尽所能地促进教师们勤奋努力，完成教书育人的使命。

我见过不少优秀教师，他们超负荷工作，心系学生，始终战斗在教育第一线，然而他们的付出并未得到认可和奖赏。 因而，在这本书里，我想和管理者们分享一些鼓励支持教师的方法。 我十分赞同我的导师兼朋友吉姆·加尔文（Jim Kevin）的话，他说："教师是天底下的金领。"如果我的这些想法和感悟有助于教育管理者们更好地管理，帮助他们转换工作重心，以教师为本，哪怕这样的转变只有一点点，我也会感到非常欣慰。 同时，我要向已经"喂饱"教师的校长们举杯，你们是好样的，有你们才会有成功的好学校，而成功的好学校是我们这个社会的基石。

什么样的人会读这本书？

首先，这本书适合任何人，只要他认可教育是有史以来最重要的事业。 而那些已经意识到教育的艰辛，明白教师需要不停地加油鼓劲的人，则更应该看看这本书。 我们只有充分发挥教师的能动作用，才能走上成功的办学之路。 本书适合任何年龄、任何性别、任何地区、任何类型的教育管理者。 总之，它适合每一个想要在教育领域有所作为的人。

其次，如果读者是有能力将书中的建议付诸实施的教育管理者，那是最好不过。 我们都知道，一个人越是渴望成功，他就越喜欢反思、分析自己，就越想改变世界。 那么，什么样的人会是这种人呢？

这种人具有以下特征：

1.关心他人

在改变世界之前，要先学会关心他人。 在知道你有多关心他人之前，没人在意你有多少知识。 关心他人的校风是好学校的基础，而校长在设计、营造、发展这种关心他人的校风上具有很强的作用。从走进校门的那一刻起，学生就应该处处体会到来自学校的关心。学校里教职员工的言谈举止更是影响着一个学校关心他人形象的塑立。 校长在这方面起着监督的作用。

2.有成功的欲望

成功的定义是"有利的结局或结果"。 有效率的教育管理者会不停地想方设法促成这种"有利结局"的到来。 一个成功往往会带来另一个成功。 所以，当一位管理者非常注重"有利结局"时，各种事情的结局往往都不负众望。 好领导往往言出必行，凡事都力求成功。

3.能够应付各种压力

这世界上只有一种人没有压力，那就是死人。 压力是生命的一部分，人生就是成也压力，败也压力。 成功的教育管理者应对压力，而不是对抗压力，他们在与人相处的时候，有着许多能帮助解压的方法。 在第六章里我会对此进行详细讨论。

4.身体健康

健康的人是快乐的。 身在管理岗位的人更要懂得健康的重要性。 健康就如同睡眠，当它被剥夺了才会被想起。 好的管理者要懂得保重自己的身体。

5.思维有逻辑性

"三思而后行"，这是给教育管理者最好的建议，管理者应该好好体会这句话。 在做任何决定前，好的教育管理者都应该审慎，要眼观六路，耳听八方，要深思熟虑，要充分考虑这个决定将如何影响别人。 花点时间反思，这是每一个成功的管理者都需要做到的关键之所在。

6.会放松自己

如今，一个走上教育管理岗位的人一定要学会放松自己，否则，他会迷失于各种问题之中。 教育是项艰苦的事业，需要对它殚精竭虑，因此，好的教育管理者一定要有幽默感，绝不要毫无笑声地度过每一天。 我认为，没有笑声的一天是没有活力的一天。 好学校的师生应该没有一天不快乐。

以上就是一些好的教育管理者应该具有的品质。 总之，一个有良好适应能力的教育管理者一定具备改变这个世界的能力。 也许你就是这样的人，也许你认识这样的人。我想为那些已经"喂饱"教师的教育管理者喝彩，也想帮助那些还没开始"喂养"教师的教育管理者获得成功。为此，我在这里准备了一场盛宴，提供各种具体的策略，以此来帮助他们，答谢那些辛勤工作的教师们。

我们从何开始呢？ 请上开胃菜

真正成功的管理者往往善于反思。所以，我在这里想要校长们做个自我测试，看看自己的强项和弱项。请依次回答以下问题。在问卷的上方记下开始时间，结尾记下完成时间。上个问题回答完之前请不要看下一个问题。

开始时间：

你最重要的职业目标是什么？

_____

_____

_____

请列出你的五个优点：

1._____

2._____

3._____

4._____

5._____

你准备近期什么时候跟你生活中最重要的人共度时光？你准备
了什么样的节目？

_____

_____

_____

你最近做过的职业冒险是什么？（包括时间）

_____

_____

_____

你是否为这周独处的时间准备了具体的活动？

_____

_____

_____

你经常反思自己吗？以何种方式反思？（思考，日记等）

_____

_____

_____

你一直在逃避什么？请以书面的形式定一个日子来完成这件事。

_____

_____

_____

请给你自己的下面几项评分。（10 分为满分）

你的身体状况——   你的职业状况——

你的智力状况——   你的情感状况——

你的社交状况——   你的精神状况——

你的总分——

请列出 3～5 个需要完成的目标，以此来提升你的总体水平：

1._____

2._____

3._____

4._____

5._____

请列出 10 项你作为管理者的优点：

1._____

2._____

3._____

4._____

5._____

6._____

7._____

8._____

9._____

10._____

请完成下面这句话,"我在_____时,感觉最棒"。

完成时间:

当你完成以上问题后,请回答以下问题:

上面哪一个问题最不好回答? 为什么?

_____

_____

_____

回答以上问题花了多少时间?

_____

_____

_____

我在哪些方面需要改进? 如何改进?

_____

_____

_____

从我的回答上看,我是个什么样的人?

_____

_____

_____

后面将会分章节详细探讨以上的问题。但是，你最好先做好自我评估，然后用一句话来概括你自己。好的管理者都有非常好的人际沟通技巧，也会不断进行反思。下面的章节会涉及很多反思的技巧和方法，希望可以帮助大家成长。那么我们现在就开始吧！

> 以不变应万变，这是一种领导才能。
>
> ——莫汉达斯·甘地(Mohandas K.Ghandi)

第二章　诱发食欲

所谓的领导能力就是把信仰变为现实的能力。

——罗兰·巴斯(Roland Barth)

几年前，我参与了一个在全国范围内的探访优秀教师的活动。我的主要任务是明确优秀教师的特质。

我非常喜欢这个活动，因为它让我有机会能与这么多的教育工作者一起工作。 在这个过程中，我感到最难的地方是如何确定优秀教师的品质。 不过，我们每一场讨论都有一个共同点，那就是大家一致认为，教育管理者很重要。 当教师们被问道："是什么使你如此优秀？"他们都会说，因为有领导的鼓励和支持，因为领导信赖他们的专业能力，时刻让他们感到自己是团队里的重要一员。 这些优秀教师的回答再次证明教育管理者的关键作用。

关于优秀教育管理者的定义，那是仁者见仁，智者见智，一百个教师就有一百个说法。 不过，我认为，一个好的领导一定是一个人人想要跟随的人。 有能力营造出有助于发挥个人才能的环境，帮助人才脱颖而出的教育管理者就是一个不断"喂养"教师的好管理者。

因此，现在来回答"为什么要满足教师"这个问题，就简单了。如果一个教育领导者可以尊重教师，把他们看成是自己的最佳盟友，对他们的贡献大加赞赏，那么，这个管理者一定会得到无尽的回报。 杰出的教育管理者会把教师看作是学校成功不可或缺的珍贵资源。

1.让教师寻找出解决问题的方法

好的思考者往往只花 5% 的时间来讨论问题本身，而用 95% 的时间来寻找解决方案。 如果给以机会，教师是最会"跳出条条框框思考"的一群人。通常情况下，一旦遇到挑战，好的教育管理者会立马与教师开会协商，总能找到方法应对各种挑战。虽然有时会有一些不靠谱的建议，但确实都很有创意。

2.从教师那里得到各种反馈

没有哪个校长会对教学楼里的每件事都了如指掌。因此，必须要有个信息反馈系统，在这个系统里，教师是信息来源，他们随时向校长提供、更新各种信息，使其对教学楼里的事做到心中有数。当教师得到校长的信任和尊重，他们的专业水平也得到认可，他们就会非常愿意指出校长在管理上的缺失，告知校长哪些管理是无效的。教师是各种方针政策的实际执行者、检验者和监督者，他们的话更容易让校长信服，不是有个说法吗："用当了贡品的牛肉也能做出好吃的汉堡①。"

一个在成功道路上积极进取、不断成长的教育管理者通常喜欢问教师们下面这些问题（这些问题会以一周日志或个人谈话的形式不断更新）：

· 这周过得怎么样?

· 这周有什么成就吗?

· 这周有没有遇到需要我们管理部门协助解决的问题?

---

① 译者注：贡品往往只是摆设，没有多大用处。这里比喻那些没在重要岗位上的教师，如果他们的积极性被调动起来后也能在工作中起到非常大的作用。

· 对于学校的整体运作，有什么是你特别关心的吗？

· 对于学校工作的改进，有什么建议吗？

· 对于学校的管理，有没有什么意见可以帮助改善学校各部门间的关系，使大家能一起更好地使学校办得更好？

· 有什么需要没有得到满足吗？ 无论是在学术上，还是在诸如清洁卫生等后勤方面，需要我们做什么？

如果校长可以花些时间和精力，收集一下教师们的反馈意见，教师们会感到自己受到重视，会觉得自己对学校的辛苦付出还是有意义的。 但是，要清楚一点，明智的教育管理者绝不会为他们自己根本不重视的问题去向教师收集信息，也绝不会就某个他们已经做出的决定向教师要反馈意见，那样做只会让教师们觉得你不真诚，反而会感到被轻视。 总的来说，来自教师的任何建议，只要是积极的，以培养学生为目的的，都可以成为"喂养"教师的基本食材。

3.让教师传递有关学校的信息

在教育界，教师和教育管理者可以成为最好的盟友，也可以成为最大的敌人，二者的关系取决于他们之间如何交流。 优秀的教育管理者会在与教师团体或组织会面时，充分利用好教师资源。 教师经常跟家长和社会沟通，交流有关学校方面的信息，因而，如果需要解释什么新政策、新活动，他们可以起到不可估量的作用。 只有教师工作舒心、待遇良好，他们才会非常乐意把学校里面的各种好事情传播出去。

　　曾经有这么一位富有创意的校长，因为没有几个家长来参加学校举办的"家长之夜"活动，他倍感沮丧。于是，他开始每月一次，在当地超市举办"我们的学校很棒"的活动。每个月，学校的一些教师就会到超市里搭起一个展台，向公众介绍学校的情况，发放学校将要开展的活动的日程表，解答来自家长和社会各方面的问题。这项举措把学校和社区紧密联系起来，效果相当不错。

　　有创意的教育管理人会和教师一起不停地努力，想方设法使家长们走进学校，也让教师把学校里的情况往外传播。注重学校——家长——社区三方关联的校长一定会通过各种方式，比如实时通讯、网页、电子邮件、布告栏等，保持与社区和家长之间的联络，使他们能时刻关注学校里发生的一切事情。

4.让教师展示才华

　　优秀的教育管理者深知，每一个"普通人"都有深藏不露、与众不同的"绝技"。世界上到处都有未被发掘的人才，而这些人才大部分在学校里。教育管理者应当善于发现人才，彰显每个人的才能，营造一个人人乐于展示自己才华的环境。

　　那么，怎样才能更好地发现人才呢？很简单，只需要问一下教师们业余时间都喜欢做些什么就行了。很多时候，我们只忙于工作，都已经忘记了教师们还应该有业余生活。我这里的意思不是建议校长去干涉教师们的业余生活，而是说，学校应当创造一些条件，让教师有机会分享他们的兴趣爱好、展示他们独特的技能，甚至能有机会互赠礼物。通过社交聚会、兴趣俱乐部、教职工专栏等多种途径，加强教职工之间的感情联络。一旦发现有特殊才能的教师，好的教育管理者应该鼓励其才能的发展，这能使教师感到才能被认可、受重用。

5.请教师给予支持

管理是一项孤独的事业。以前我从不知道孤独的滋味，直到我离开课堂，开始从事管理方面的实习。突然之间，我感到教育管理者好像成了异类。当涉及纪律问题时，尤其如此。有好几次，我只得用威胁的手段才把问题解决掉，真是既费神又伤心。有一次，我必须处理一个没带铅笔而被谴到办公室来的学生。是的，学生如果没带笔，他就得被赶出教室，到管理者办公室来，等着管理者来处理他，作为学生怎么可以不带笔就来上课呢？我当时还不是真正的管理者，所以我就站在我的角度上问："难道教师不会处理这种事情吗？"然后，我就拿了支笔给那个学生，让他回教室上课。你可以想象这样处理的后果，我没有让学生深刻反省，没有使他认识到这种行为对他以后的发展将会产生怎样的影响，因而我被看成了异类。

因此，在这本书里，我想传达给读者的信息是：校长也需要被肯定。在成功的学校里面，校长的高效管理和对教师的关心往往会得到教师的认可，对此，教师会用掌声和支持来回馈校长。各方面都得到满足的教师会明白这个道理，他们会以各种各样的方式来说："我们欣赏、认可你的领导。"

当人们问优秀的校长，是什么使他们如此优秀时，他们总是回答说："是学校里的教师们。"他们把高效管理看成是团队合作的结果，他们认识到，没有所谓"一个人"的领导，独自一人绝不可能有高效管理，拥有良好的上下协调才是优秀学校的基础。

贵校的教师处于"饥饿"状态吗？

教师从来都渴望有个好校长，他们总是希望被认可、被欣赏。想象一下，你有这么一个人生导师，无论在工作上还是生活中都处处激励、影响你。假设有一天早上，你正准备出门去学校，这时，电话响起，你拿起电话，原来是你的导师，这位你生活中的重要人物特意在这个时候打电话给你说，你是个很棒的人，有了你世界是幸运的，你对别人真的很有帮助。他一连说了很多赞赏的话，最后祝你一天愉快。这个时候你的感受是什么？这一天接下来你会怎样度过？你是不是感觉神清气爽，一天都充满了干劲儿？这个场景告诉我们什么呢？很简单，真诚的赞赏可以改变一个人的生活态度，与你接触的每个人都会被你的话语激励。

首先，你要明确你带领的教师缺少什么、渴望什么。下面的测试题可以帮助大家进行一个自我评估。这份测试以常识为主，是由专门从事教育管理效率研究的研究人员经过多年的调查研究后设计出来的。请回答"是"或"否"，最后计算出你的得分。我会在问卷后面就每个问题进行分析解释。

问卷调查

是____ 否____ 1.贵校的教师缺勤率低吗?

是____ 否____ 2.请教师做一些职责范围之外的事容易吗?

是____ 否____ 3.当你走近一群正在闲聊的教师,他们会继续闲聊
并邀请你也加入吗?

是____ 否____ 4.如果你想做些额外的活动,容易找到愿意帮忙的
教师吗?

是____ 否____ 5.结束一天的主要工作后,你是否还感到精力充沛?

是____ 否____ 6.如果教师正在讲课,或者教室门是关着的,你会走
进去吗?

是____ 否____ 7.你大部分时间都不在办公室待着,能够随叫随
到吗?

是____ 否____ 8.教师们是否告诉你,他们跟你谈话感到很自在?

是____ 否____ 9.你会和教师们讨论一些有争议的问题吗?

是____ 否____ 10.你会留出很充裕的时间来进行教学评估吗?

是____ 否____ 11.你会公开与大伙儿分享你的各种信仰和希望吗?

是____ 否____ 12.你欢迎教师给你提各种建议吗?

是____否____13.你会定期请教师们对你的管理效果进行评估吗?

是____否____14.你会安排时间亲自上课吗?

是____否____15.你关心教师们的福利吗?

是____否____16.你会定期给教师们安排一些社交活动吗?

是____否____17.你会不时给教师们一些小小的惊喜吗?(如一张
表示感谢的字条或其他一些表达善意的动作)

是____否____18.你会有意识地避免一些对正常教学的无端骚扰
吗?(比如在学校的广播中突然插播通知)

是____否____19.如需开会,你会提前通知大家,好让他们有所准
备吗?

是____否____20.你学校的教师们在会议上是否积极展现各自的专
业水平,他们是否乐于参加在职培训?

是____否____21.你是否习惯让教师们填一些表格,然后把表中的
信息透露给其他职工?

是____否____22.你是否有一个人人都知道的计划表?

是____否____23.你是否规定自己每天都要跟几个教师交流?

是____否____24.偶尔去教师休息室跟教师们聊聊天,你是否感到
自在?

是____否____25.你是否打算在午餐时间跟各科教师接触一下?

是＿＿＿否＿＿＿26.你是否在做决定前先听听教师们的意见？

是＿＿＿否＿＿＿27.你是否经常听见教师说你支持他们的工作？

是＿＿＿否＿＿＿28.你是否认为你对学校安排的课程和活动都有深刻
的理解？

是＿＿＿否＿＿＿29.你是否乐于展示并与教师们分享你从各种学术会
议上了解到的各种新的教学方法？

是＿＿＿否＿＿＿30.你是否愿意抓住每一个职业成长机会？

是＿＿＿否＿＿＿31.你是否鼓励学校教师去参加各种学术会议，参观
其他学校，通过各种渠道学习？

是＿＿＿否＿＿＿32.你是否重视与学生家长的联络，经常邀请他们到
校参观？

是＿＿＿否＿＿＿33.你是否试图把好的教育实践和项目与家长们分享？

是＿＿＿否＿＿＿34.你是否会花时间去记住学生的名字和家庭背景？

是＿＿＿否＿＿＿35.学生们是否愿意主动来找你谈话，倾听你的建议？

是＿＿＿否＿＿＿36.学校教师组织的各种围绕学生的活动，你是否都
熟悉并且都参与？

是＿＿＿否＿＿＿37.你是否喜欢跟家长们讨论学校课程或是纪律
问题？

是＿＿＿否＿＿＿38.你是否专门为学校师生安排各种好玩的活动？

是____否____39.你是否每天都盼望去上班?

是____否____40.你是否关注问题的解决多于问题本身?

是____否____41.你是否总是以赞赏的口吻与别人谈论你的员工?

是____否____42.你是否鼓励在学校各种场合尽可能多地展示学生
的作品?

是____否____43.你是否鼓励学生参与学校管理,欢迎他们提建议?

是____否____44.你是否尽量避免与教师午餐时出现冷场?是否尽
量不做全校性的惩罚?

是____否____45.你是否认为每个教师都有自己的教学风格,是否
准许他们针对不同的学生采取不同的教学形式?

是____否____46.你的惩罚是否只针对犯错误的员工,而不会就此
制订一项新的规定来惩罚所有的人?

是____否____47.你是否避免在别的同事、家长或学生面前使你的
员工难堪?

是____否____48.你是否会花时间满足教师们的需求,与他们谈心?

是____否____49.你是否会就学校的预算项目、校历和会议议程等
学校事务征求教师们的意见?

是____否____50.你是否把你的家庭和私人事务放在一切之首?

你的得分如何？请数一下"是"的答案个数，每个"是"得 1 分，然后对照下面的得分说明。

41～50 分：你手下的教师们都"吃饱"了，做得好！

31～40 分：你手下的教师们刚好"吃饱"，他们还想要点零食。

21～30 分：你手下的教师们正"饿"着，他们需要立即补充营养。

11～20 分：你手下的教师们已经"饿坏"了，赶紧给他们送餐去吧。

0～10 分：你手下的教师们已经严重"营养不良"，你得赶紧给自己上上烹饪课（跟其他同行聊聊，交流交流），想办法"喂饱"你的教师们。

在设计这个检测问卷时，我们先请教师各自提出 50 个他们认为最能反映教育领导是否优秀的问题，再对其整理加工，最后形成以上的检测问卷。这份问卷可以扩充，可以压缩，也可以跟其他问卷配合使用。目的是为大家提供一个模板，以便更好地反思自己，下面是对这些问题的具体分析。

根据教师们的反馈，我们认为以下指标基本可以反映一个教育管理者的工作做得到位：

1.好的管理者领导的教师缺勤率很低

如果对自己的工作环境比较满意，人们就不愿意缺勤。管理者会创造一个良好的环境，使大家都乐意在这个环境里工作。

2.好的管理者会鼓励教师们做任何有利于职业发展、有利于学校和学生的事情

当一个教育管理者使教师们对自己的职业感觉良好，教师们就会非常愿意为学校的成功尽心尽责。他们做事不再是以工作合同为准，而是全力以赴、尽心尽力。

3.好的管理者会被教师们接纳，他们愿意跟他吐露心声

好学校是一个教师愿意与管理者沟通的地方。好的管理者如果跟教师们交心谈话，教师们也就愿意向他敞开心扉。在公开的、直接的交谈中，管理者和教师之间的信任也就建立起来了。

4.好的管理者会给教师们积极的影响，使他们能自觉自愿地参加学校的各种活动

教师们一旦认识到管理者也需要被肯定，他们也就知道了学校管理的难处，所以，他们会随时伸出援手，在学校的各种活动中提供帮助，这样，找人做事儿就不再是件难事儿了。

5.好的管理者会毫不费劲地计划、组织、完成各种需要完成的事情

每天进行组织计划很重要，确定事情的轻重缓急也很重要。有了高效的组织才会有高效的实施。因而，好的管理者办事绝不拖拉，每天至少会完成 1~5 件事情。

6.好的管理者都会到教室去

教师们的共识是，好的管理者会安排尽可能多的时间到教育一线去走访。好教师会真心欢迎学校领导来他们的教室，看看他们的日常教学。好的管理者绝不会借口教室门是关着的，就不进教室。

7.好的管理者是看得见找得到的

好的管理者应该是容易找到的，他们不会把自己关在办公室里，反而会有随时巡视教学楼的管理习惯。

8.好的管理者应该喜欢和教师们交流

只要有一个畅所欲言的环境，教师们就会喜欢交流。要想把握学校的情况，好的管理者就应当制造各种机会与教师们交流。

9.好的管理者会就有争议的问题与教师们讨论

好的辩论会厘清很多问题。有自信的管理者一定会就一些新的动议、规章和事项与教师们讨伦，听取教师们的意见。被"喂饱"了的教师对有争议的事一定会采取成熟的、专业的态度。

10.好的管理者能认识到教师评估的重要性

好的管理者能认识到教师评估的重要性，并每年做好评估计划，避免仓促进行。他们也会认识到，评估的作用应该是积极的，是教师们成长和自我反省的机会。

11.好的管理者和所有的同人分享信念和希望

教师们常常表示，跟善于分享、善于关心他人并有胆识的人共事是件幸运的事。 他们都想知道自己的领导有什么样的信念和希望。 好的管理者一定会毫无隐瞒，跟所有的同人分享信念和希望。

12.好的管理者会不断要求下属提意见

好的管理者深知，要想效率高，必须调动所有人的积极性。 如我们前面所说，教师是管理者最好的资源。 当看见有人被问及观念、思想、想法等问题时，别的人也会不由自主地思考自己的答案。他们的意见是建设教师队伍的基础。

13.好的管理者会要教师对自己的工作进行评价

谨慎的管理者总是给教师提供各种机会，请他们对自己的工作效果进行评价。 定期的"我的工作怎样"的会议或意见表是必需的。

14.好的管理者会专门拿出时间和学生一起度过

好的管理者会说，减压的最佳方式就是离开办公室，想办法和学生们做一个什么活动。 教师们喜欢那些愿意花时间跟学生打成一片的领导。 学生们更喜欢。

15.好的管理者关心教师的生活是否幸福

幸福感是如今工作在教育战线上的人们最在意的事。 关心教师的管理者会花时间了解教师们的业余生活，提供讨论各种事务的机会，也会不断监督教师们的道德操守。

16.好的管理者会安排一些社交活动来增强教师之间的联络

教师们需要在一起接触的机会。许多时候，临时起意的社交活动可能比精心策划的效果好。

17.好的管理者会花时间表达他对教师的欣赏

一张表达感谢的条子、一张餐厅的优惠券，甚至一个苹果，一句"你很棒"，都会让教师的一天显得与众不同。表示欣赏的任何动作都会让教师们如花般绽放。

18.好的管理者会尽量避免一切不必要的干扰正常教学秩序的事件发生

好的管理者永远不会忘记当教师的感受。因此，好的管理者会尽一切所能，避免破坏正常的教学秩序的事件发生，除非不得已，好的管理者绝不轻易使用校内对讲机。

19.好的管理者会把要开的会议和各种日程事先告知大家

好的管理者懂得，教师们除了教书，还有自己的生活、家庭，还要承担各种其他责任。因此，在安排开会时，好的管理者往往会事先通知相关的人，让他们有充裕的时间来安排。此外，事先有个议事日程也是必要的，这样的话，大家才好事先做些必要的准备。最关键的是，开会时要紧扣主题，会议要紧凑，要有效果。

20.好的管理者在各种会议或研讨场合能受到教师们的尊重

管理者尊重教师，教师们也一定会尊重管理者。 尊重管理者的教师一定会表现得成熟而专业。 开会时他们会认真听讲、积极参与，而不会去做一些与会议无关的事情。

21.好的管理者不会因同样的问题麻烦教师们多次

教书需要做许多案头准备工作。 因而，如果就某个问题多次征求教师们的意见，他们一定觉得烦。 好的管理者会非常注意征求意见的次数和时间。

22.好的管理者会把每周或每月的计划表分发下去,让每个人都心中有数

在学校，每天、每周或每月，都进行着很多活动，教师们不可能对每个活动都了解，除非他是那个活动的组织者。 因此，如果是重要的活动，好的管理者应该设法让每个人都知晓。

23.好的管理者会每天尽可能多地接触教师

真正关心教师的管理者会花时间让教师们感受到这点。 一个简单的问候，一句"今天感觉怎么样?"也许会改变教师的心情，让他一天都充满正能量。

24.好的管理者会在课间休息的时候与教师们打成一片

无论是在教职工休息室还是在别的什么地方，在气氛友好的学

校，每个人都能感觉受欢迎，受尊重，没有什么禁止限制。

25.好的管理者会尽可能与教师们共同进餐

有时，最好的对话是在共同进餐时发生的。 当管理者与教师们一同进餐、聊天时，教师们会感觉受到了重视。

26.好的管理者会先听听教师们的意见,然后再做最后决定

如果你已经做好了决定，再去征求意见，教师们会非常反感，觉得这是对他们的羞辱。 因此，好的管理者一旦征求了教师们的意见，就一定要确保自己会认真、仔细地考虑他们的意见。

27.好的管理者会积极支持、配合教师们的工作

好的管理者应该充分意识到，教师们其实非常需要工作上的支持和配合。 因此他会尽一切可能支持、配合教师的工作。

28.好的管理者对学校里正在开展的各项活动一清二楚

优秀的管理者和平庸的管理者之间的差别在于：平庸的管理者可能会给你背出学校里正在进行的各项活动，但优秀的管理者却可以充满激情地把这些活动的进展情况跟你说得一清二楚。 这能让教师们很高兴，也能感染他们。

29.好的管理者善于向别人展示自己的实践和信息

好的管理者总是有很多东西拿来与人分享，别人也乐于向他学习。 好的管理者总是在不停地向社会、同行、校董会等有关方面展示自己的想法与实践。 好的管理者也一定是好教师。

30.好的管理者总是重视自己个人和业务的成长

不知为不知。 好的管理者总是努力在个人和业务上不断学习、不停成长。 他们会抓住每一次机会，提高自己的业务水准和知识水平。

31.好的管理者非常重视教师们的业务素质,鼓励他们参加各种研讨班

好的管理者相信，教师们需要有机会参与各种研讨班，凡是对学生有利的活动，都应该让他们有机会参与。 教师需要有机会更新自己的知识，提高自己的业务水平。

32.好的管理者愿意跟家长沟通

好的管理者深知，要把学校办好，少不了跟家长的合作。 他们会让家长参与学校的发展，告知家长学校里发生的一切，使家长与学生共同进步。

33.好的管理者懂得紧密联系社会

成功的学校离不了社会的支持。 好的管理者懂得紧密联系社会，他们会及时向社会公布学校里面发生的事情，也会请社会各界参与学校的各项活动，通过媒体或其他途径让家长和社会关注学校。

34.好的管理者应该知道学生的名字和他们的背景

在以学生为中心的学校，你随时可见管理者与学生对话，关心学生。 以学生为本、关爱学生是好学校的特征之一。

35.好的管理者可以随时跟学生见面

当学生被问及什么样的管理者是最好的，他们一致回答："对人和善，愿意跟我们对话的人。"

学生的生活需要成人的不断参与，以此来对他们进行积极影响，好的管理者应该是其中之一。

36.好的管理者对学校开展的各种课外活动能做到心中有数

好学校都会开展各色各样的课外活动。好的管理者对这些活动能做到了然于心，他们甚至会参与到这些活动中，与师生互动。

37.好的管理者会和家长讨论学校的课程设置和纪律问题

好的管理者会自然而然地与家长就学校的各种问题展开讨论，特别是有关课程设置和纪律方面的问题。在家长眼里，好的教育管理者理所当然应该是教育方面的行家，因而他们也受到家长的敬重。

38.好的管理者会让学校充满各种"乐趣"

好的管理者深知，有乐趣的人才富有创造力，才敢于冒风险，工作起来才有干劲儿。你一走进学校，马上就能感觉这里是否有"乐趣"。

39.好的管理者每天都盼着去学校上班

还有什么可说的？当你从工作中收获乐趣，感到满足，你会觉得生活洋溢着幸福。人生苦短，完全没必要使自己在一个悲伤的环境中工作。

40.好的管理者善于发现问题的解决办法

只坐在那里抱怨问题很简单，但要发现解决问题的办法却不容易。然而，好领导以人为本，往往善于发现切实可行的各种解决办法。

41.好的管理者会骄傲地告诉别人,他的员工都做了哪些了不起的事

善于认可员工取得的成绩，并大肆表彰的领导，他们也一定会得到员工的认可。好的管理者就是要不停地为他人唱赞歌。

42.好管理者会鼓励学生尽可能多地展示他们的作品

人比画重要。好的管理者总是鼓励将学生们的作品展示出来。学生们也一定乐意看到自己的作品挂在墙上。好的管理者希望所有的人都能为自己的成就自豪。

43.好的管理者在做决定时会考虑学生的意见

学校的主体是学生，好的管理者从不忘记这点。他们总是会花时间让学生明白，什么可行什么不可行，怎样才能让学校发展。

44.好的管理者从不进行全校范围的惩罚

每个人都会犯错，犯了错就应接受惩罚。然而，好的管理者不会因少数人犯了错就去惩罚全校的学生。他们只针对犯错的学生，只针对错误本身。

45.好的管理者会赞赏并鼓励教师的一些独特的实践和方法

好的管理者不会用条条框框去束缚教师，他们鼓励并欢迎教师们各尽所能，确保每个学生的成长。

46.好的管理者会果断解聘没有效率的教师

好的管理者不会因为个别人的错误就实行一项新政策，以此来惩罚全体教师。他只会将犯错的教师移出教师队伍。他会公平对待所有的人，决不姑息无能或不思进取的教师。

47.好的管理者从来不会在大庭广众之下让人难堪

好的管理者会直接和当事者本人解决矛盾，绝不会无视别人的尊严和感受。

48.好的管理者私下里会帮助遇到问题或遭受挫折的教师

关心教师的管理者肯定会花时间来帮助有困难的教师。好的管理者深知，营造一个人人甘愿付出的工作氛围是多么重要。

49.好的管理者会让教师们知道学校预算、活动计划和日常工作事项等

听取意见，听取意见，还是听取意见。这是管理好学校的关键。因此，应该给教师们参与学校的各种预算、活动安排和会议等的机会。

50.好的管理者有自己的业余生活

好的管理者知道，人生不能只有工作，他们得为自己的家庭留出时间，还得有自己的业余生活。 感到有压力的学校领导往往是那种把个人生活放到最后的人。

总之，学校领导首先必须认识到员工的力量，认识到团结就是力量这个道理，自己再怎么有奉献精神，再如何努力，单靠一己之力是不能管好一所学校的。 而集体的力量是无穷的，它可以改变一切。 21 世纪让人振奋，同时也荆棘丛生，但一定会有更多机会，能让从事教育的人们发挥他们的才能。 21 世纪也充满各种挑战，教育领导者必须多进行合作交流。 现在一切蓄势待发。

> 这关乎我们所有的人……
>
> 如果只有寥寥数鸟唱，整个林子还是不热闹。
>
> ——亨利·范·戴克(Henry Van Dyke)

第三章　创造一个良好的就餐氛围

什么样的生活环境造就什么样的教师。
——查尔斯·E.布莱恩(Charles E.Bryan)

设想这样一个场景：有朋友请你吃饭，他在城里一家餐厅预定了座位。你提前 15 分钟到那儿，但看见顾客们都在外面候着。餐厅的员工正对顾客大吼："还得再等 15 分钟才可以进去。"外面冷风嗖嗖，可你只能在外面这么候着。终于可以进去了，一个满脸不爽的服务员打开门，大声对顾客们喊着、嚷着。顾客相互推嚷着冲进餐厅，结果到处都张贴着"禁止……"的告示，这不能做那不能做，一切都显得冷冰冰的。灰白的餐厅墙壁斑驳脱落，窗户上随意挂着粗陋不堪的窗帘。整个餐厅看来急需一次彻底的大扫除。

一个服务生来到你们的餐桌前，再次跟你们确认他们的规定，他跟你说，你们只有 47 分钟的就餐时间，还有其他顾客在你们后面排队等着呢。就餐时禁止使用洗手间。很快，你们预定的饭菜送上来了——有些菜还凑合，有些简直就惨不忍睹。你们尽量忍着，开始进餐，可服务生不停地提醒你们时间快到了。还没等你们吃完，其他顾客就已经在身后站着等了。很快账单便被拿上来，告诉你们该结账走人了。

这肯定是一次极不愉快的经历。为什么呢？显而易见，整个餐厅根本没有让人愉快进餐的环境和氛围，服务生的态度也不好。这个场面有没有让你想起你的学校？

21 世纪的教育管理者必须时刻注意学校的风气。"风气"的意思是"社会上或某个集体中流行的爱好或习惯"。积极良好的风气是一所成功学校的基础，好的管理者会不遗余力地去创造、维护良好的校园风气，使学校成为大家来了就不想走的地方。 为了营造出良好的校风，他们会不停地监控、评估学校的风气，努力做到下面几点：

（1）安全第一。

学校对师生来说必须是个安全的地方。 家长们一致认为，他们选择学校的第一要素就是校园安全。 安全的校园不但整洁，有利学生健康，而且能给学生提供一个情感交流的环境。

身体安全——总体上说，无论是学生还是教师，在学校里都不用担心身体安全。 管理者必须经常跟教育一线的教师沟通，检查正在进行的各项活动、大家的行为和态度。 每个人要相互协作，及时解除校园内潜在的矛盾或危险。 此外，好的管理者要有一个危机预案，一旦危机发生，大家才知道该怎么做。 如果有一个地方的学校出了问题，大部分人会说："我们从来没想到会遭遇这种事情。"但好的管理者明白，防患未然总是好过事后处理。

智慧安全——无论学生还是教师，他们都希望别人能尊重自己的智慧和才能。 在智慧安全的学校，每个人都会感受到这点。 各种活动、实践都旨在支持保护师生的智慧，而不是羞辱贬低他们，在这种学校，任何时候师生都知道，失败没什么大不了。

情感安全——在好的学校，人人都有归属感，人与人之间友好互助的积极关系蔚然成风。 教师会花时间跟学生在一起，给他们示范什么是稳固、良好的人际关系。

学校还组织各种活动，让学生们可以有机会分享他们的梦想和担忧，聊聊他们面对的挑战以及各种需求等，教师耐心倾听，了解学生们的心声。

社交安全——学校是学生的交流场所。好的管理者会为师生们提供一个好的社交平台。校内的墙上贴满了学生的作品，这是一个人人都能获得展示的地方。可能会有些学生不懂什么是恰当的交往礼仪，重视社交安全的管理者一定会花时间教他们如何恰如其分地与人交往。

（2）重视改变。

我们都知道，改变不是一蹴而就的事情，需要一个过程。好的管理者能充分认识到，成长必须要经历改变的过程。然而，改变不是轻而易举的事。有这么个说法：只有打湿了尿布的宝宝才喜欢换尿布（改变）。然而，我们的时代是个飞速变化的时代，学校必须高瞻远瞩。校领导们必须意识到，要想有效地改变学校，必须首先改变学校里的人。人的改变，必须是他自身状况和观念的改变。为了在学校营造一种积极改变的风气，管理者自己必须身体力行，必须鼓励改革、合作和创新。此外，好的管理者会赞扬敢于冒险的人和事，要明白，从长远来看，最有效的改变是人的改变。改变能丰富每个人的职业和生活。

好的管理者都有一套反馈体系，可以让他随时把握需要改变什么以满足学生的需求、使学校变得更好。他还会鞭策那些只拿钱不干活的"神牛"①，这可是对整个系统的挑战。好的管理者能认识每个人的特性，知道谁擅长计划、谁擅长执行。

好的管理者都应该具备如下特质：

· 有自我价值意识，对事物态度积极，坚信自己能成功。

· 有生活目标。

· 热爱生活，每一天都充满激情，每一天都在向前进。

· 总是看到事情积极有利的一面。

· 有团队合作精神。

· 有个人使命感，精力充沛，不断提升自我。

· 凡事抱着开放的态度，乐于倾听，乐于尝试不同选择。

· 对新事物充满好奇心。

· 有幽默感，敢于自我嘲讽。

关心员工的教育管理者心里都明白，教育工作者都是满负荷在工作，因此，他不会一次性进行太多的改变。

好的管理者会从以下几步来进行改变：

第一步：先让大家就需要改变的事项进行讨论。

第二步：指定一个团队，研究需要改变的事项目前的状况和预

---

① 译者注：印度教里，牛是神物，是要被供奉的。这里比喻尸位素餐的人。

估改变后的效果。

第三步：让这个团队做一个项目策划，并跟相关的人员充分沟通。

第四步：清除一切阻力。

第五步：鼓励尝试，认可收获。

第六步：实施计划，监控每一步改变。

第七步：不断跟进和评估项目的有效性。

第八步：调整、监控、修改甚至重来。

第九步：交流，交流，还是交流。

第十步：庆贺，表彰成功。

事实上，对于任何改变，只有5％的人会立即接受；25％的人会慢慢适应，然后接受；60％的人会抱着"等等再说"的观望态度，如果改变的结果符合他们的利益，他们最后也会接受；只有10％的人是老顽固，永远也不接受任何改变。明智的管理者懂得这点，因此他们绝不会浪费时间来浇灌荆棘和顽石，他们会直面那些质疑的眼光，鼓励、奖赏那些奋勇向前的人。日语里形容不断改进叫"kaizen"（持续改善），意思是：永不停歇地追逐更高、更强的目标。好的管理者正是这种思想的具体体现。

此外，管理者作为改变的代言人，要学会寻找、利用一切可以帮助他进行改变的资源。在我看来，对于所有想要改变的管理者来说，医学博士斯宾塞·约翰逊（Spencer Johnson）写的《谁动了我的奶酪》这本书就是一个不错的资源。 这本书用了一个生动形象的比喻，为如何推进改变进行了大量有用的思考。

> 如果你总是故步自封，就永远不会有新的收获。
>
> ——艾德·佛曼（Ed Foreman）

（3）积极的态度。

我们每天清晨起床，穿好衣服的同时也戴上了我们的态度。 我真的认为，积极的态度和观念是生活成功的基础。 一切结果都源于我们的态度，对此，成功学校的优秀校长可以说明一切。 有人曾经说过："你可以没有才华，但得有积极的态度；你可以没有积极的态度，但得有才华；如果你具备两者，你就可以大有作为。"优秀的校领导确实应该具备这两点。

可不幸的是，总有一些得了"心理硬化症"的人，他们麻木不仁，把自己的消极态度归咎于报纸、媒体甚至整个社会；或者，他们怪罪政客、怪罪搞砸了的英雄、怪罪他们糟糕的家庭；有些人甚至怪罪其他人、怪罪自己的工作职责。 他们总在不停抱怨，从不审视一下自己。 他们不知道，态度是由自己决定的，没人能控制别人的思想。

当教师们被问，是什么使他们难以保持积极的态度时，我们听到的回答大致是这样的：家长不配合、家长太放任学生、学生调皮捣蛋、教学任务重、课程紧张、应试的社会风气、身体差、工资低、缺乏资源、技术有限、班级规模大、同事不给力、缺乏刺激性的计划、公众太苛刻、校园安全让人忧心、领导不支持等等。我敢肯定，虽然没有什么学校会面临以上全部的问题，但每所学校都会面临其中的一些问题。

除此之外，我们还要处理好会影响校风的一些人和事。它们分别是以下四类：

①风气的破坏者：这种人总是悲观地看待一切。

总是能听见他们在说："这不行，我们早在很多年前就试过了，那时都不行的，更别说现在。"有的教师精力充沛，有的教师愿意为学生着想，有的教师总有这样或那样的想法和进行尝试的愿望，可这种风气破坏者，总是让他们泄气。

②风气的操作者：这种人总是制造谣言，挑起教师之间的矛盾。

你总是发现他们在问：你听说了吗？ 你知道吗？ 这件事的真相是……他们从不与人真诚坦率地沟通，以看别人闹矛盾为乐。

③风气的旁观者：这类人其实并无大害。

他们基本上是每天按部就班地上下班——通常在固定的车位停车，多年来拿着同一个包。 他们上课经年不变，长年累月重复相同的内容。 许多人都觉得奇怪："这么多年一直这样，他们怎么没疯掉？"道理很简单，没有激情的人怎么会疯呢？ 这种人对生活没有什么激情可言。

④风气的革新者：这种人才是我要担心的。

好的教育管理者心里明白，这种人是现实的推动者、改革者，却也是最容易垮掉的人。 他们是那 30% 的革新者，总是努力担当。他们对学校和自己的职业有自豪感。 最重要的是，他们热爱学生，是校领导的坚定支持者。

风气的革新者当然也包括优秀的校领导在内。 常言说，一个有坚定信仰的人好过九十九个只有兴趣的人。 风气的革新者向人们展现出以下这些信念：

a.相信自己：要想成功，一个人必须要认识自己、相信自己。要明白"千里之行始于足下"。 不要把每天浪费在"我不能做什么"，而是每一天都要问自己："今天我可以做什么精彩的事？"

b.相信自己的潜能：面对充满挑战的世界，教育工作者要意识到，自己时刻都在影响着学生。 埃莉诺·罗斯福（Rleanor Roosevelt)曾说："你的头不低下，就没人能贬低你。"在好教师的影响下，许多生命被拯救，许多梦想得以实现。

c.相信自己的专业技能：教育是世界上最重要的职业，也是最困难的职业。 那些对教育领域和教育工作者指手画脚的人，我敢说，如果让他们按规定到学校里工作的话，他们一天也待不下来，更别提长年累月了。因此，作为专业人员，我们必须对自己的职业有充分的信心，要向大众表现出对自己职业的自豪感。可惜，有的教育工作者并不热爱自己所从事的职业，也不热爱自己的学生，对此，我感到非常痛心。对这种人，我们应该零容忍。每天我们都应该扪心自问："如果从头来过，我还会选择从事教育事业吗？"如果答案还是最初的"是"，我们就是学校里的风气革新者。

d.相信身边的人：总体来说，还是好人占多数。积极进取的人总是相信他人，总能看到别人的闪光点。作为教育工作者，我们必须相信，每一个学生都有没被发掘的才干，他们都心怀各种梦想，需要我们帮助他们实现。

> 心理健康的人总是说一不二，他们回答问题要么"是"，要么"不"，或者"呜哇！"不健康的人却总是"是的，但……"或者"不，又……"，他们绝不会"呜哇"！
>
> ——埃里克·伯尔尼（Eric Berne）

（4）开诚布公地交流。

如今，学校里的许多问题和矛盾，都是没有敞开来交流的结果。

好的教育管理者明白，没人能跳过或忽略交流这一关。 所以，他们总是不断与人交流。 卡拉·欧戴尔曾说："如果你不给大家提供相应的信息，他们就会杜撰一些来填补上。"

通常情况下，一谈起交流，人们往往只知道其中的一两种方式。高层次的管理者们却明白，交流除了听说之外，还有读、写、思以及反馈。 一个真正善于交流的人一定会想方设法使用好各种有效手段，他对自己的交流技能充满信心，会成为交流的楷模。

成为一个真正善于交流的人，要做到以下几点：

听

Mark Twain 说："如果我们应该说的比听的多，那上帝当初就该给我们两张嘴。"真正的倾听是门艺术，好的管理者总是擅长倾听。 EAR 法是练习倾听的最好方法。

E：Explore(找寻)，使用开放的问题，观察非语言信息。

A：Acknowledge(认同)，解释一下你所听到的意思。

R：Respond(反应)，用最短的时间给出反应。

说

萧伯纳曾说："交流最大的问题是，人们常常误以为已经达成了交流。"真是这样的。 好校长的讲话往往简洁、流畅、真诚，他们竭尽所能与教师、学生和家长沟通。 他们愿意跟人对话，他们苦练交流技巧，说话时尽量避免使用大多数人习惯用的"嗯，啊，这个……那个……"等等让人分心的语气词。 他们带着自信讲话，他们也鼓励教师们这么做。

读

作为一个现实的人，我深知，在 21 世纪的今天，大家对教育管理者有诸多要求，要他们一一做到，这确实很困难。 不过，跟上潮流、进行教育实践、做研究，这些真的很重要。 好校长都是擅长阅读的人，他们每周都会腾出一些时间来浏览报刊、文章和阅读书籍。有的学校成立了读书俱乐部。 喜欢阅读的人每月聚一次，在某人家里或是外面什么地方，讨论他们正在阅读的内容。 还有校长在自己学校推行坚持默读计划（SSR，Sustained Silent Reading）。 这个计划倡导教师每天在校阅读 10 ~ 15 分钟。 这样可以使教师们有时间读一些自己喜爱的书，同时也成为学生们的表率。 如果"等待你阅读"的东西已经要超过你的身高了，那你真该调整一下你的日常安排了。

写

好校长对自己的写作水平有充分自信，并常以书面形式与人交流。 他们会采取措施，确保学校里每个人写出的东西都符合规范。现如今，通过书面形式进行的交流越来越多。 好校长会确保学校每位教师都能收到学校发出的每周简报或是每周邮件，确保每个人都能看到学校通知栏上面的各种重要信息。 这样做的目的是避免有人说："我没收到通知，我不知道要开会。"

思

好校长会利用教学一线的优秀教师资源，把他们组织起来，形成"智囊"，帮助达成一个学校的宗旨，勾勒一个未来远景，解决问题，推动学校前进。无论管理者能力如何，许多事情他一人是干不成的。好校长也要花时间反思自己的使命和愿望。

反馈

人们常常忘记这个重要的交流环节，即简单有效的反馈。每个人都希望听到别人对自己的评价，以判断是否还可以做得更好，是否还有改进的余地。好校长总会以关心鼓励为原则，及时给予教师们积极而富有建设性的反馈。

（1）人际关系技巧。

以普通人的标准要求，他就可能只能成为一个普通人。可是，如果给他一份期许，他或许就会变得很不一般。教育的管理者在创建一个好的校风时，尤其应该认识这点。积极而充满关爱的人际关系是使一个学校变得与众不同的关键。好的管理者要致力于建设一个充满尊重、信任、专业、关心、同情和合作的团队，一个能给人鼓励和滋养的环境。他们应当做到以下几点：

最重要的六个字：我承认我错了。

最重要的五个字：你干得真好。

最重要的四个字：你的意见？

最重要的三个字：可否请……

最重要的两个字：谢谢/我们。

最不重要的一个字：我。

（2）全员积极参与。

为了形成一个良好的校风，学校各方面都要有团队精神。好校长要懂得放手发动群众，要让教师们积极参与学校的各项活动，而不是仅仅充当旁观者。 校长应该多关注需要做什么、怎么做、如何做、达到什么样的效果等。 活动涉及的人越多，就有越多的人愿意参与进来，支持这件事，影响周围的人。 越多的人参与意味着学校有越少的小圈子，也就越好管理学校。

（3）积极的公共关系。

良好的校风应该包括良好的公共关系，应保持与家长和社会的良好沟通。 要知道，学校能否办好，与每个人都有关系。 好的教育管理者知道，只有与社会沟通，与大家分享学校的各种实践活动、收获以及成功和喜悦，才能够获得公众的支持与认可。 好学校要以家庭为基础，要让家长和社会感到学校对他们的欢迎态度，让他们乐于参与并支持学校事务。

认识了校风建设的重要意义，我们还得认识到，不能有病了才投医，得有未雨绸缪的意识。 像一个好餐厅一样，好学校也应该从早到晚、从头至尾提供良好的服务。 有影响的教育管理者有一套理论，认为学校的每一天都应该是他们施展才华的舞台，别人休想把它给毁了。

下面这些策略有助于培养健康快乐的风气：

（1）留出一些"自我独处"和"与家人一起"的时间。

你的工作不能是你生活的唯一重点，你需要有时间独处，也需要和家人们共度美好时光。 不快乐的人大都缺乏良好的家庭关系或是没有支持他的亲友，甚至没有业余生活。

（2）把问题当成挑战。

出色的管理者只花5％的时间来讨论问题，95％的时间是拿来找寻问题的解决方案的。 他们把这个原则也用于生活的其他方面。

（3）别对人指手画脚。

指责无济于事。 与其花时间分出谁对谁错，还不如用这个时间来解决问题。

（4）分析一下面临的压力和阻力。

对问题和矛盾做到心中明了。 别超负荷工作，也别去理会想要激怒你的人，那只会让你徒增烦恼。

（5）给自己的生活和工作定个目标。

目标就是有期限的梦想。 所有优秀的教育管理者都会给自己设立一个远景、规划一条道路、形成一个使命。 最好的情形就是胸有成竹地朝着自己的目标不断奋进。

（6）不呆板、别拖延、勿消极。

做一个积极、有条理、活跃的人。 尽量参加各种事务，有所成就。 健康的人都是行动者。

（7）找个积极的榜样和良好的导师。

向别人学习。 没有学习的一天是不完整的。 我们身边每天都有可学习的东西。 别错过任何可以和导师交流的机会。

（8）别一天无所事事。

因为一点小事就轻易改变自己的人绝不会成长。 当挑战来临，问问自己，它是否会影响你的下一天、下一周、下一个月。 对工作举轻若重，对自己举重若轻。

（9）以一个自信而专业的面貌示人。

即使你的状态不好，也要装出最好的样子，直到你进入好的状态。自信的步伐和自豪的面貌肯定能给学校的风气增色不少。

（10）要有欢笑和娱乐。

没有欢笑的一天是不完整的。我们的事业有这么多值得我们高兴的事情。我们心里都清楚，我们应当不停地欢笑，因为我们会老去——而变老正是因为我们停止了欢笑。

我们每个人都在影响着学校的风气。我们如何度过每一天，如何言行，这其实都取决于我们自己。

好领导要发挥所有人的才能，要让大家凡事有正确的态度。你的态度不是由环境决定，而是取决于你对环境做出的反应。

> 如果你工作的地方是个毫无激情、缺乏活力、没有新意、缺乏好奇、没有智慧，甚至连一点乐趣都没有的地方，那你可就有麻烦了，而且是大麻烦。
>
> ——汤姆·彼得斯（Tom Peters）

第四章　管理者像主厨——请上菜

好的教育管理者好比一个好的主厨,在开工前,他们都要花大量时间准备、计划。在工作中,他们都要集中精力在事情的结果和他们的服务对象身上,要不断调整重点、评估他们的计划和努力的方向。

——内拉.A.康纳斯(Neila.A.Connors)

如前所述,做 21 世纪的教育管理者,绝非易事,需要特殊才能。他们要能看到教师们的努力,能给教师们提供自我发展的机会,办事公平,凡事容许公开讨论,能为教师提供一个坦诚又能变通的工作环境,有经验的教师们非常喜欢这样的管理者。因此,在对优秀教育管理者进行观察、访谈和研究之后,我得出这样的结论,作为对学校未来有预见的一校之长,跟餐厅主厨一样,他们一般表现出以下特质:

- 态度积极
- 个性讨人喜欢
- 对职业充满激情
- 有目标
- 有耐心
- 能坚持
- 以人为本
- 有所准备
- 做事用心
- 果断
- 好赞美
- 能解决问题
- 做事决不拖延
- 能对付压力

- 以业绩为主
- 有远见,有成效
- 能为家长和公众着想

尽管上面这些特质前面几章已经有所涉及,但我仍然要在这一章里对它们加以详细论述,因为重复是最好的教师。 此外,下面的内容像食谱,请选择合您口味的。

积极的态度

你如果在一流的餐厅工作过,或者,有过机会仔细观察过那里的运行,你肯定知道,那里一定有一个能影响整个餐厅氛围的主角,他就是主厨。 他能带给顾客一个难忘的夜晚,也能毁掉一个夜晚。 我们都知道他靠的是什么。 他靠的是积极而决不轻言放弃的态度。 正是这个因素决定着一个人的人生,他的成功,甚至他的每一天。 如我以前说过的,态度决定一切。

同样,一个好的教育管理者往往以“感谢老天,我还活着”的心态开始每一天,他怀着感恩之心起床,觉得自己还活着,还没上讣告栏①真是万幸。 他走路说话都带着个人使命感,“这是我的日子,没人能从我手上夺去,更没人能毁了它”。

他气度不凡地走进学校,充满自信,他沉着冷静、有专业水准、公平而又快乐地处理一切。(没错,快乐地)

———————

① 译者注:在美国,人去逝后要在讣告上公示。

优秀的教育管理者认为,即便身处逆境,也要凡事乐观。 他们力求自己做到以下四点:

(1)他们会为自己拥有处理这些问题的专业技能而感到高兴。即使暂时没有这些技能也要假装有,直到真正拥有为止。

(2)对自己的职业心怀感恩,能对学生的生活产生影响,这是多么的幸运。(你必须到学校——你是一校之长)

(3)用最好的策略确保双赢的结果。("和稀泥"是绝对不容许的)

(4)带着解决一个问题过后的成就感,继续前进解决新的问题。

态度决定成败,这是千真万确的。 有人也许会问:"如何保证每天都有积极的态度,如何才能每天都扮演着那种盖·班尼特倡导的啦啦队长的角色?"我的回答是:这要求我们能抓住每一天,做到五个 C(Commitment 奉献,Conviction 信念,Character 个性,Consitency 坚持,Connectedness 联系)。

奉献的精神

好的管理者也一样是奉献者——他们把自己完全奉献给教育事业,全身心扑在教职员工和学生身上,全力支持家长和社会。 他们每天都以"超越一切"的态度开始,以坚毅的心态面对每天的各类挑战、各种选择以及各项事务。 他们力求做好每一件事情。 显然,不是每个人都能做到这些。 不过别担心,好的教育管理者总能做到,他们每做一件事都力求达到多赢的结果。

坚定的信念

好的管理者都有坚定的信念，他们做事有使命感，他们渴望创新、懂得信任、能顾及所有人和做正确的事情，这些都是一个好的管理者的特质。 从他们身上散发出的阵阵热情和他们的职业自豪感影响着周围的人和事。

鲜明的个性

所谓个性，就是使某个个体区别于他人的行为习惯或个体特征。 这就是说，我们的个性由我们的行为定义，并随着时间变化而发展。 好的管理者要显示出高尚的人格魅力，要做人人仰慕的道德典范。 敬重他人、诚信、激情，这些是通向成功的特质。 尤其是激情，那种令人振奋的激情往往是激发一个团队不断超越自我、走向完美的关键要素。

一个富有个性的人能够显示出他的决心、活力、原则、志向和魄力。

言行一致

好的管理者的另一特征就是言行一致，这点很难做到，因为在处理一个问题时有太多的不确定因素，这是一种反应—响应模式。

然而，好的管理者从来都是以努力响应而不是过度反应的态度来处理问题。我非常相信这句话，好教师永远记得当学生的滋味，好校长永远记得当教师的滋味。

联系广泛

杰出的校领导会乐此不疲地和学校的方方面面建立广泛联系，使各方都能了解学校的办学宗旨、办学状况和发展前景，学校里会经常有各种庆祝会、表彰会。在紧密团结的学校，人际关系良好，大家互相关心，其乐融融，人与人之间的交流畅通又积极。这种学校就是"以人为本"的学校。

有这么一个说法，"你的水平是你的态度而不是天资决定的"。感恩之心是一个人通向成功和卓越的铺路石。

人格魅力

当教师们被问及什么样的校长才是好校长时，很多人都会说：他首先得是个好人。一个人的为人决定了他如何处理业务上的各种事情和挑战。人格魅力在校长处理问题时不但能彰显他的智慧和自信，也能使他通向事业的成功。你的外表、言行举止、处事态度都能决定你的人格魅力。

自信的校领导能清晰明了地向别人展示他是谁，要往哪儿去。他们真心关心他人，对人和颜悦色，打招呼时能亲切地叫出对方的名字，很少听他们说"我如何如何"。 他们能营造一个坦诚的气氛，被其他人视为自己的激励者，给人动力，他们总是对身边的一切产生积极的影响。

> 教师的职责是挖掘人的潜能并使之发扬光大，是助之而非教之。
>
> ——约翰·惠特莫(John Whitmore)

激情

伯纳德·德·丰特内勒认为，激情是"启动一切的风，尽管它常会引来风暴"。 优秀的教育领导肯定热爱自己的工作，他们胸中燃烧着一团火，浑身散发着富有感染力的激情。 他们具有使命感，凡事充满信心，让人不得不佩服。

有激情的教育领导能为教师们树立榜样，开拓新的道路，指引前进的方向。 他能使教师们认清自己的才能。 当我们走进一所学校，通过与这里的教师和学生的一席谈话，很快就能判断出这里的校长是否是一位充满激情的管理者。 有效率的校领导做事往往非常用心，他带领的员工也能很好地回应用心（HEART－felt）的管理者。 用心的管理者能够：

- Hear(倾听)——倾听并尊重我。
- Encourage(鼓励)——鼓励我并使我达到我的最佳状态。
- Acknowledge(肯定)——肯定并赞赏我的努力和成就。
- Respond(响应)——对于身边发生的事情,积极响应而不是被动反应。
- Trust(信任)——信任我的决定和我的职业水准。

激情犹如一次好的就餐经历——只能意会不能言传。 如果你有过好的就餐经历，你一定明白我说的意思。

目标

没有目标就没有方向。 因此，最好的教育管理者做事都从发自他们内心的目标开始。 他们会花时间思考他们是谁，为什么要做这件事，他们想成为什么样的人，要往哪里去，如何到达那里。 当然，这些只是思考而已，没有必要形成正式详细的书面东西。 我个人每天是这样思考的：

- 我以"感谢上帝，就是今天"开始每一天。所谓 T.G.I.T. (Thank God It's Today)哲学。
- 我会想："这是我的一天,决不许别人把它给毁了。"
- 我一定要尽量显得有兴致,对人要尽量友好。

- 对同事和学生,我要尽量多些容忍,少点批评。
- 我要尽量做到最好。
- 我要时刻记得做学生时的感受。
- 任何时候,任何地方,我都要努力保持积极的态度。
- 我会"努力先理解别人,再使别人理解我自己"。
- 不要在自己不能掌控的事情上费心思。
- 我会冷静地处理一切事情。
- 我至少要对人笑五次。

一个校长一旦弄清楚了自己的使命,他就应当将这个使命明确告诉师生员工们。他应当与他们一起讨论出学校的宗旨和远景,以推动全校每个人向前进。

在讨论使命和远景时,有必要厘清什么是使命,什么是远景。这两个概念当然有区别,却又经常重叠。卓越的管理者明白,使命是一个人或单位存在的目的,或者说是存在的原因和前进的方向(而非目标)。它为全体员工提供一个努力的基础。远景是人们想要创造的未来。使命和远景两者有关联,都围绕学生,但又有显著的不同。管理艺术的核心就是如何与员工一起,明了自己的使命和远景。

宗旨

宗旨必须是一个人人深信不疑并能清楚表达的东西。经常会有这样的情况:某个学校找专人整理出一个所谓的办学宗旨,讨论通过，并把它印在学校所有人的名片、办公用品和布告栏上，然而，当有来访者问及他们学校的宗旨之类的问题时，却没有人能马上回答出来，还要临时去找印有这段话的东西。 宗旨是应该深深印在每个员工心里的，需要每天拿出来与自己的工作对照的东西。 我们的每一个行为都应该处处体现我们的办学宗旨。 它应该简洁有力，"康纳中学——一个使优秀变卓越的地方"，或者"斯讷勒中学——一个人人都可以成功的地方"。 这些宗旨都能清楚表达什么在使这些学校的教师不断地努力工作、坚持奋进。 最重要的是，它们体现了一种价值，一种意义，而且朗朗上口，能脱口而出，不必每次都去翻阅手册之类的东西。

远见

谈到远见，我想起海伦·凯勒的话。 一次，有人对她说："我简直难以想象，看不见东西是个什么样的景象，还有什么比看不见更糟糕的呢？"海伦回答说："我知道什么更糟——看得见却看不远。"真是一语中的。

优秀的教育管理者会和员工们一起，为实现办学宗旨而奋斗。在各方面的努力下，制订出一个非常详细的五年计划。 他们发现潜在的困难、障碍，评估可用的各种人力和资源。 他们会解决下面的问题：

- 我们为什么存在？
- 目前的情况怎样？

- 我们意欲何往？
- 如何能更好地满足所有学生的需要？
- 我们有什么样的远见？
- 我们需要什么样的转变才能达到我们期望的样子？
- 如何转变？
- 我们需要什么资源？
- 如何调动所有的人？
- 可能出现的困难是什么？
- 如何解决这些困难？
- 如何评价我们的成就？

记住，诺亚可不是在下大雨时才开始造船的。

一旦有了办学远见，校领导和员工就应该确保学校里所有的计划和决策都回归到办学宗旨上。好的管理者应该认识到，办学宗旨和远见都应该时常更新和调整。正如华伦·伯尼斯说的："远见能给我们活力，激励我们把目标变成现实。"

耐心

约翰·恰尔迪给耐心下了一个很好的定义："耐心即慢慢地照料。"管理者应该明白自己不是超人，自己的能力很有限，但如果有耐心，就能每天"一小步"，最终赢得大家的支持。

耐心是 21 世纪的管理者必不可少的品质。

我曾经在一家餐馆与一个脾气火爆的厨师共事。 他的经营思想就是发出各种"简单粗暴的命令"。 如果在气头上,他可能随时爆发,手上有什么就扔什么——多数情况下是把切肉刀。 他从没伤过人,但肯定吓到过不少人。 显然,他的词汇里绝对没有耐心二字。自信的管理者才能耐心静候成功的到来,他们的经营风格是用心、分享和鼓励。

恒心

恒心是成功之母。 优秀的校长凡事"决不放弃",一旦开始的事情一定要完成。 他们会给员工们做出榜样,如果缺乏某种技能,他们会努力弥补直至掌握。 他们不断地发现、培养员工的各种才能,他们不遗余力地让人相信和理解学校的办学宗旨和远景规划。有恒心的管理者特别关注一切可行的、可预见的事情。

以人为本

作为教育工作者,我们一定乐于看到大家的成功。 在以人为本的合作关系里,我们必须具备善于处理各种人际关系的能力。 优秀的校长喜欢和师生打成一片,花大量时间来发展、改善与师生的关系。 他们是教育系统里的大使。

好的校长处处表现出对人的关心和同情。 此外,像罗斯福一样,他们相信"优秀的领导知人善任,善于克制自己,不插手下属的事务"。 优秀的教育管理者还会尽力培养后备人才，以备不时之需。

以人为本的教育管理者每天会用专门的时间与下属交流，他们采取"开门政策"，他们明白，使人发光的方法就是让他们活出自我，管理者需要提供的只是合适的环境外加一点点鼓励。 因此，以人为本的管理者会像大家期待的那样对待大家，他们会时常问下属这些问题：

- 对你来说最好的交流方式是什么？
- 我能为你的成功做什么？
- 你的职业兴趣/才能是什么？
- 你的强项是什么？
- 你认为什么可以使我们学校更成功？
- 我们如何更好地满足学生的需求？
- 你需要什么资源/培训来提高自己？
- 我该怎么做才能更加有效地管理学校的工作？

不断地评估，团结一切力量，这是最基本的。 通过鼓励、交流、示范，优秀的校领导一定拥有一支得力的团队。

有所准备

交流是重中之重，随之而来的是凡事要有所准备。 凡事有所准备的校长才是好的教育管理者。 花在准备上的精力越多，得到的成果也就越丰富。 无论是一天的工作、主持一个会议、完成一个工作约谈，还是处理每天的各种突发事件，做到凡事有所准备是关键。通过各种准备，好的管理者会确保大家明白各自的分工，并能组织大家顺利完成工作。 只有这样有所准备，管理者遇事才能做出明确及时的决定，才不会因措手不及而"发出简单粗暴的指示命令"。关于如何组织准备方面的资料，斯蒂芬·科维的《重要的优先》一书值得参考。

> 我们时常伤心，抱怨人生苦短，可有多少人真正明白时光的珍贵。我们要么虚度时光，要么做事毫无意义。我们总在伤心光阴如梭，做起事儿来却又总是拖拉。
>
> ——塞内卡（Seneca）

身心到场

喜欢亲临教育一线的管理者是平易近人的。 员工们知道他几点出发，这样的管理者不仅仅是人到场，他的心也到场，他知道学校里发生的一切事情。 他可以和员工们毫无顾虑地一起谈论学生、课程、教师以及即将开展的各类活动。 他不仅知道课堂是怎么回事，他也知道活动的内容。 如果有什么不清楚的，他会努力去弄清楚。

喜欢亲临一线的管理者会经常到教室里去，他会果断地推开教室的门。 通过学生和教师的表现你就能判断他们的管理者来过多少次。 当一个喜欢到教学一线的管理者走进教室，师生们都会抬起头来，打个招呼，然后接着干自己该干的；但是，当一个很少来的管理者突然到场，学生们往往会调整自己并不断地"嘘……"，教师也会把课停下，问："有什么事吗?"

喜欢到教室的管理者总是和各个方面的人互动，随时倾听，随时关注，随时提供支持。 他们心胸开阔，是敢于冒险的战士。

行事果断

伍迪·艾伦有一句有名的电影台词："90%的成功其实都是就这么一下子果断行事来的。"优秀的教育管理者会创造一个行事果断的工作环境并做出表率。 他们开会果断，散会也果断；他们会果断地告知日程安排，果断地判断，果断地做事，决不拖泥带水。 他们也会让员工养成这种果断的行事作风。

喜欢赞扬

每个人都希望自己被人赞扬。 优秀的学校领导会花时间、精力制订一套制度，不断地对教师进行褒奖赞扬。 他们认可教师的努力，帮助努力不够的教师。 他们鼓励教师展示自己的各种证书、奖状、文凭，夸赞每个人为此付出的努力，花时间与大家分享成功的喜悦。

然而，最要紧的是，好的管理者的赞扬一定是发自内心的，是真诚的，他们会不遗余力地营造并保持一种积极向上的道德风尚，在一个富有团队精神的学校，教师们能够全心投入工作、富有朝气、尽职尽责、时刻为学生着想。

学生在一个道德风尚良好的学校里一定会受益匪浅。当你走进这种学校，你会瞬间感受到教师们的朝气。优秀的管理者深知领导艺术的两大原则：

（1）当众表扬，私下批评。

（2）表扬好的行为，矫正不当行为。

真诚的赞扬可以激励他人，也能促使他人花点时间相互表达一点小小的谢意。优秀的管理者会在学校里定一个基调，使每个人的贡献都能得到认可，学校也会感谢那些做出贡献的教师。多年来，我一直保持着在糟糕的一天整理生活记录的习惯，比如有些时候一早醒来，无所事事，只得无聊地翻翻报纸的求职栏目，或看看哪个超市要招工。在这种时候，我会拿出我的生活记录（我的记录里充满了来自学生、家长和其他同事的各种表示感谢的卡片、纸条），坐下来开始整理。花不了 20 分钟（有时长点有时短点），我就开始意识到自己的选择是正确的，这时我的心中满是教育事业。

一个小小的赞美可以带来意想不到的效果，可以影响许多人。

> 平庸的领导命令人怎么做；好的领导跟人解释怎么做；
> 超级领导给人示范怎么做；卓越的领导激励人怎么做。
>
> ——巴克霍尔兹和罗斯（Buchholz and Roth）

问题的解决者

我前面讲过，优秀的管理者把 95％ 的时间花在解决问题上。 面对各种问题和错误，自怨自艾、怨天尤人是很简单的，但要找到问题的解决办法并执行，这才是关键。 好的教育管理者正是这样做的。他们相信失败不可怕，他们会从各种失败中吸取教训和总结经验。

这类管理者面对挑战往往采取积极的态度，他们有一个解决问题的系统。 他们非常清楚，一些事情单靠自己的力量是不能做到的，所以他们会依靠整个学校的资源和广大师生的努力。 他们深知，在学校前进的道路上肯定会遇到这样或那样的困难，因此，再大的困难他们也会迎难而上，坚持到底。

拖延症的克星

优秀的管理者总是交流、交流再交流,组织、组织再组织。 当管理者的一定要注意掌控自己的时间,否则会陷入无休止的拖延之中。 我们都有过拖延的经历,也都明白把今天能做的事拖到明天,只会带来更多的压力。

美林·道格拉斯曾经说过:"许多人以为可以找到很多节约时间的方法。 其实这是不对的,因为你只有专注于使用时间才会有效地利用时间。"高效的领导者会非常有效地管理、支配他们的时间,实现他们的日计划、周计划。

管理时间的方法大同小异,关键是要有一些工具来计划管理然后执行。 有了成功的时间管理,时间就不会被浪费,也就不会出现什么危机模式。

解压能手

压力伴随着教育事业。 没有哪个校长没有压力。 因此,优秀的校长要学会从容应对压力,并明确压力是工作的一部分。 他们明白,平静的湖水下都有暗涌的激流。 他们巧妙解决压力,不会浪费时间小题大做。

为了应对工作压力，优秀的校长意识到健康的重要，他们会在家庭和事业间寻得一个平衡，两手都抓，两手都硬。他们会花时间使自己精力充沛。他们明白，一个人如何处理生活中的各种矛盾其实是自己的选择。他们不会让小事情困扰自己，而是专注于大局。如罗杰和彼得·麦克威廉斯说的："我们必须学会忍受各种不快，这样才能成长。"

如果你比明智的人多用心，比稳妥的人敢冒险，比实际的人爱做梦，比止步于可能的人有更多期待，你就可以卓越不凡。

重在表现

胸怀大志的校长时刻关注着各级员工的表现，确保每个人都在朝着以学生为中心的宗旨和目标努力。他们鼓励上进，绝不姑息平庸和懒惰。他们骄傲地挑战极限，啃硬骨头。

如前所述，好的管理者善于学习，也鼓励员工努力学习。因此，认真的管理者像催化剂一样，对员工的生活和工作都起着激励作用。他们处理棘手问题说一不二。

这种管理者不会因少数人的不作为而惩罚全体员工，对表现突出的员工从不吝惜奖赏和认可，对不合适的行为决不姑息，一定使之改正。重在表现的管理者在对人、技术、课程、预算等方面都是一把好手。

> 生活的目的其实就是生活本身，体会品味每一次经历；
> 毫不畏惧地、充满渴望地迎接新的、更丰富的经历。
>
> ——埃莉诺·罗斯福（Eleanor Roosevelt）

做事有前瞻有成效

乐观的教育管理者对任何事情都具有前瞻性，做事也很富有成效。 在他们身上体现了一种"跳出框框思考"的精神，这种精神是21世纪的教育工作者必须具备的。 这种管理者极具责任感，脚踏实地，永远斗志昂扬，做事有始有终。

敏锐的教育管理者做决策时敢于面对问题，他们能掌控自己的思想和学识，解决问题时非常富有想象力。 他们做事都有前瞻性，能把握时代的脉搏，尽可能抓住一切职业发展机会。 他们做的任何事情都与学校的办学宗旨和远景规划密切联系，他们的生活态度是"凡事皆有可能"。

心系家长和社会

最后，好的教育管理者要心系家长和社会。 他们明白，办好学校必须要所有的人参与。 他们会营造一种风气，使家长和社会各界人士觉得学校是欢迎他们的。他们努力为学校制造一个良好的社会形象，非常专业地处理学校、社会和家长之间的关系的目标只有一个，就是要在校内校外打造出一派团结和谐的气氛。总之，好的校长都起模范带头作用，他们有明确的目标、积极的态度以及上面谈到的各种特质。他们能够使教师们：

- 清楚理解他的期望、远见(梦想、心愿、目标和角色)。
- 明白最好的团队就是整个学校所有的人(大家一起努力取得更大成绩)。
- 拥有良好的团队精神，知道自己的角色是学生的教练，是学习的促进者。
- 愿意以冷静和专业的态度处理一切棘手的问题。
- 有机会提出建议，指出问题，参与学校每天的日常运行。
- 有归属感和价值感。
- 知道冒风险是被鼓励的。
- 拥有生活和职业目标。
- 清楚学校的目标是全体学生，而不能"眼里只有尖子生"。
- 相信与家长和社会紧密联系是非常重要的。
- 知道学校的每一位教师都是学生的楷模，所以，我们必须时刻为学生做出积极正确的榜样。
- 勇于承认错误，从错误中吸取教训，继续前进。(悲观的人在机会中挑困难；乐观的人在困难中找机会。)

- 有寻求帮助的勇气,他们会教给学生这个道理,即"失败没什么大不了的"。
- 对学校、同事和学生真诚。
- 拥有这样的职业态度——决不"贬低或羞辱"任何学生或同事。
- 致力于发展各种双赢的结果。
- 了解自己的学生和社会需求。
- 明白要成功,必须有灵活的思想和幽默的态度这个道理。

> 海狸知道如何修堤坝,对此它非常在行。它们最讨厌的事情就是有人站在岸上指手画脚。
>
> ——佚名

第五章　一所好学校的主食
(M.E.A.L.S.)
（取得可持续性成功的有效经验）

衡量成功的标准不在于你能否解决复杂的问题,而在于
是否仍旧在处理同一问题。

——约翰·福斯特·杜勒斯(John Foster Dulles)

　　成就一所好的学校有很多不确定因素。 注重教师培养的教育管理者一定知道什么是学校取得成功的关键。 这些校领导不遗余力地为所有教师提供有效的经验——主食（M.E.A.L.S.）。 他们煞费苦心，只为确保学生的需求得以满足。

　　一所学校的管理者如能和员工们一起做好以下大部分甚至是全部的内容，他们的学校就一定能成功（再次说明，以下内容全部精选自对一些优秀学校的观察、调研、走访以及同一些业内专家的谈话）：

　　（1）员工的信念——使命感和眼界成就伟大的教育管理者。

　　他们喜欢问："你相信什么？"回答这样一个问题，其实就是生成、分享、树立、内化一种信念。 杰出的校领导要确保人人都有信念，并且确保这样的信念能够得到持续不断的完善。 信念是决定员工的根本。

　　（2）乐于工作——这是多棒的想法呀！

　　优秀的校领导明白工作兴趣对于建立一所好的学校功不可没。使命感好比一辆车，眼界是方向，信念是确保各部分运转的动力。

　　（3）一天的开始和结束——学校里的每一天经常都是毫无计划地匆匆开始，然后又毫无总结地匆匆结束。

　　但是在一所有效率的学校，一天开始时通常由学生宣布一天的安排，或者以其他方式开一场正能量的朝会。 盖伊·贝内特（Guy Bennett）最著名的开场是讲一段来自学生的笑话。 笑话都经过事先筛选，学生们喜欢从广播里听到关于自己的笑话和名字。

　　一天的结束同样重要。　在看到只有 5～7 分钟就放学时，学生或者教师们通常就开始收拾东西，准备离开。　离开的时候，他们总是急匆匆地走出教室或者学校，开始下一个活动。　成功的学校在一天结束时都有一个总结。　在那个时间段里，教师们继续批改作业，或做些其他必要的事情。　学生们则在反思这一天的同时为接下来的一天制订计划。　这样做有利于学生规划学习，提高效率，取得成功。

　　一个安全有保障的环境——正如在第三章中特别指出的，懂得关心人的管理者一定会确保学校师生的安全。　他们会在人身、学术、校园管理、师生的情绪等方面营造出友好、安全的氛围。

　　（4）学科交流和设置以学生为本——好学校的课程设置一定有实效、有系统并且有一定技术含量。

　　切记，没有学生就没有学校。　因此，我们所做的一切都是为学生服务，满足他们身体、智力、社交或者是情感方面的需求。　校领导和教师要经常交流，增进彼此间的了解认识。　高效率的管理者相信学科间的交流至关重要，他们会尽一切努力提供学科间交流的机会，教师们可以分享各自的价值观、信念、见解以及目标。

　　那些能激发学生潜能的课后活动也很重要。　有能力的管理者往往会支持培养学生的领导才能，通过俱乐部或者课后活动帮助学生发展。　就个人而言，我在学生时代最美好的体验是加入美国未来教师协会。 在那里我获得了大量机会。 但很不幸，现在已经很少看到有学校安排类似的活动了。

（5）关怀尊重的态度——拥有关怀和尊重的态度有多么重要，无须多讲。

一所充满关怀的学校就是一所有思想的学校，那些与时俱进的校领导会竭力让他们的学校充满关怀。

有爱心、懂得尊重的员工会关怀彼此，也会关心整个学校，特别是关心他们所教的学生。 许多有想法的校领导会要求全体教师乘校车把每个学生上学的路线走一遍。 这样做有助于教师们获得以下三种体验：

①更好地熟悉学生们生活的社区和环境。

②切实了解学生上学需要多长时间。

③体验校车乘坐是否舒适。

教育者的关怀对学生有多么重要无法言喻。 21 世纪的学生需要成人们重视他们的爱好和需求。

（6）具有协作性和建设性的委员会——"谁愿意为另一个委员会服务？ 没人？ 为什么？"

这个问题听着很熟悉，对吗？ 正如亨利·库克（Henry Cooke）说过："委员会可能是一群并不情愿被选出来，也不适合的人，做着没有太大必要的事情。"不幸的是，关于教育的诸多抱怨之一就是委员会成员太多，会议太多，没有方向性，缺乏成效。成功的管理者往往时间有限，事务繁多，因此会很在意委员会的人数，会议的次数，以及那些为委员会服务的人。在最好的学校，几乎每个人都会隶属某个委员会（最好只有一个）。委员会的人数由员工人数决定，尽量控制到最少。将每个委员会的人数控制在 10～12 人或 5～7 人为最佳，这点很重要。据说曾经有一个委员会会议，参加的人能塞满整个会议室。

委员会一旦成立，所有需要讨论的事项都应该交给其中的一个委员来处理，应限制委员人数以避免超员。

大多数学校的委员会主要包括学科委员会、公共关系委员会、学生/职员活动委员会、拨款/基金筹备委员会、校风委员会、评估/审计委员会、惩戒委员会、交流联络委员会、过渡委员会以及技术委员会。要想办好委员会，目标和任务必须界定明确，还需要保证资源和时间。

要让委员会取得成功，委员会主席不能来自管理层，但他必须获得大家的认同，也乐于担任主席一职。好的主席对一个委员会的成功管理至关重要。

此外，作为委员会的领导，委员会主席在做报告时应该简短明了，能和感兴趣的人分享他们的日志。再次提醒，与同事交流个人的目标、计划以及成果也是非常重要的。

（7）相关的各项计划——如果校领导不曾忘记自己当教师时的感受，他们就绝不会忽略计划的重要性。

教师们不仅需要时间做准备，还需要一个地方。 如果有小组，英明的管理者会不惜一切为这个小组提供共同计划的时间，同时也保证组员有制订个人计划的机会。 有见识的管理者会在工作时间内努力为教师们提供制订计划的时间。

（8）健康计划——学校上层管理人员应有意识地为教职员工提供健康计划。

教育工作充满压力，从事教育工作的人需要有减压的方法。 我曾经拜访过的一位管理者，他不仅亲自安排每月的健康活动，甚至还邀请当地的一位按摩师每周到学校为教师们按摩，解除肩颈不适。 诚然，就我们所知，这种奢侈不是大多数学校可以提供的。 但是，我们必须照顾好我们的教师，无论以何种形式，必须积极提供有利于教师健康的活动。

（9）有意义的会议——有位教师曾经跟我谈到他希望在员工大会中死去，因为那样的会议氛围和死亡的气氛没多大区别。

听来很让人伤心，但不幸的是这却是事实。 我自己也亲身体验过许多无聊、无效甚至完全没有意义的员工大会，那真是让人感到窒息。 好的教育管理者只在万不得已时才开会，而且他们会想方设法吸引员工来参加会议。

举行有成效的员工大会要做到以下几个方面：

• 必须先讨论决定如何组织好会议,列出会议流程并切实执行。

• 为职员提供组织会议的机会。

• 提前分发会议日志,但要留有空间以添加内容和评论。

• 发布会议通知,因意外事件召开的临时会议除外。

• 设定具体的会议时间并告知所有与会者。

• 校长们应该清楚参加会议的员工们已经教了一天的书,大多数处于头脑疲惫的状态。

• 应该留时间解决小组讨论提出的问题。

• 会议应该是商讨,而不是通告。

• 会议只在必要时举行。

• 若有可能应颁发出席奖,还要有一些娱乐或者开场活动,旨在让每个参加会议的人都感到轻松愉悦。

• 准时开始,准时结束,如果可能,尽量缩短会议时间。

• 指定记录员专门控制时间。这个角色可以每个人轮流充当。

• 可以提供食物,帮助大家保持精力。

• 应确保会议务必切题,当有离题的情况出现时,会议流程指导就该发挥作用。

• 在进入下个议题前,作为上一议题的结束,应该有个小结。

• 后续计划的讨论和执行情况可以在下次会议中通报。

• 应该有日志以及小结的册子,这样每个人都可以记笔记。下面是一个简单小册子的范本:

最棒学校的员工大会

会 议 日 期：_____

会 议 时 间：_____

会 议 地 点：_____

小 吃 负 责 人：_____

会 议 议 题：

（决议，负责人）

1.致辞：校长负责

2.新的郊游规划：地区办公室负责

3.即将来到的考试安排：教务处负责

4.关于午餐厅礼仪的小组讨论：各小组负责

5.日历及事件的更新：小组领导人负责

　　再说一次，优秀的校领导不会开"死气沉沉的会议"。 他们开会是有目的的，而且只在必要的时候开。 他们定期和管理小组开会，如果受到邀请，他们会参加小组讨论。 他们也会通过有效途径支持其他委员会主席举行的会议。 他们当然不会容忍会议中那些不当行为（如改试卷、玩字谜游戏、看报纸、织毛衣等）。 其他会议也

遵循相似的流程。 要避免会议繁多，这很重要，另外，记住会议前必须做好准备。

（1）宜人的环境。

那些认真对待工作的教育管理者会把学校看成一个家。 因此，他们会尽力打造一个令人舒适的环境，这首先体现在校园外观上。一个看着舒服、美观的学校会让它周围社区的人都倍感骄傲。

一旦外观上的亲切感营造成功，优秀的教育管理者会开始着手打造干净、清新、有魅力、以学生为本的校园内部环境。 他们尽一切努力让食堂热情好客，让教师休息室舒适干净，让洗手间干净卫生，让楼道宽敞明亮。 睿智的管理者至少每周一次，在校园里到处走走，用一个学生或者一个外来参观者的眼光来审视校园内部环境。

（2）有价值的教师发展与培训。

那些鼓励教师参加各类研讨、参观其他学校的管理者，肯定会获益无穷。 但是，无论是现场或远程的教师发展培训，都必须紧贴教师的实际需求并要有实效。 杰出的校领导会和教师们一同参加现场培训，以体现终生学习的重要性。 教师们必须参与制订和执行这一类的规划。

（3）有冲劲儿不懒散。

在最好的学校里随时能感受到鼓励和欣赏。 那些懂得感谢并支持员工的校领导才是赢家。 不知道如何做的教育管理者可从后面第七章提到的点子菜谱中选择一些来鼓励、激发员工。

（4）积极的校园制度规划。

关于这个话题可以写上一整本书。 但是，最重要的一点就是制度必须是积极的，其次它必须适用于整个校园。 优秀的教育管理者会积极地和员工们一起规划制度，使得制度的内容被所有人认可，并能遵照执行。 这项工作不容易，但是一旦达成，回馈将是巨大的。

一份适用于整个校园的制度规划必须着重在良好的行为以及有效的措施上。 当校领导和员工们一起制订一份集体规划，员工们的行为将得到改善，还可以减少员工的倦怠感。 显然，规划的建立应该以对良好行为的奖励为前提。 以前，在我工作的学校就有这样一位受到嘉奖的教师，他每天都比学生早到，然后写下当天的工作计划以及有待完善的事务。 积极规划可以使我们的工作更有效率，教师和教研小组需要在指派学生到办公室之前对工作有所规划。 重申一次，全校一起努力是制订积极计划的关键。

①校园团队——大多数校领导永远不会忽略学校里的重要团队——校园团队。 目前，在美国教育界有一种更重视年级团队的趋势，因而有的学校忽略了校园团队建设。 优秀的校领导知道校园团队和年级团队并不矛盾，他们会营造一种使人人都觉得自己很重要、很有价值的氛围。 他们赋予年级团队一定权力的同时也保证校园团队的重要地位不受动摇。 在一个学校，如果校园团队倍受推

崇，就说明所有人都尊重专业，尊重这个专业团队中的每个人，每个学科的专业性都被认可，每位教师的教学都被欣赏。 在最好的学校里，所有的学科都能得到认可，所有教师和学生都受到尊重。 曾听到一位学生说："如果美术只是豆芽学科，那它凭什么成为我生活的重要部分呢？"这个观点很说明问题。

②责任有分担且适度——若你想了解一位校领导，问问他的日程、活动、预算以及责任分配就可以了。 最负责任的校领导，在可能的情况下，一定会聘用助手协助处理繁杂的事务（如过道清洁、校车、食堂、放学纪律等）。 如果不能，他们也会和其他教育管理人员分担，轮流完成各项工作。 如果某个任务版块儿有相应的小组负责，他们就把任务下达到各个小组，这样，各项工作便能得到均衡分配。

③积极组织家长的活动，创造家长参与的机会——毋庸置疑，家长的参与对于学校的成功至关重要。 意识到这一点，校领导和家长顾问团会定期召开会议，讨论如何增加家长参与的方式。 最好的学校对家长们是友好的，它会为家长不断地传递这样一种信息——邀请家长成为学校的一员。

④相互替班和换班的机会——有的时候，最好的经验学习来源于为其他教师代班，或者在某一周相互交换课堂。 管理者如果希望为教师提供更多的学习机会，就会鼓励他们彼此分享，定期观摩有效的教学实践。

⑤导师计划——作为一位新教师，进入一个新的环境，往往有些担心害怕，尤其是那些初涉课堂教学的教师。因此，优秀的校领导会为新教师们制订一个持续的导师计划，帮助他们学习、了解整个系统，这样会让新教师感觉轻松些。导师可以帮助新教师学习成长，让他们尽快成为学校这个大家庭的一分子。指导需要有计划，能持续且积极。

⑥升学计划——关于学生的升学，必须在校园内甚至是在不同层次学校间交流讨论，这样才能做到让学生平稳过渡，在学业上做到无缝对接。意识到升学的重要性，优秀的教育管理者会花时间了解学生们在这个阶段的学业结束后都学到了什么，他们甚至会到学生们即将进入的下一级学校，了解那所学校的学前培训计划，使自己的学生能早点对下一阶段的学习有所准备。不同层次学校之间的教师也应该有机会彼此学习，分享不同的教学经验。

⑦咨询机制——自信的、有远见的校领导需要不断从各个方面征询意见和建议。他们分享日志、预算以及日程安排，这样做有两个原因。第一，保证每个人随时了解学校的最新动态；第二，获得意见和建议。管理者不能一手包办学校事务，他需要尽可能多的协助。

应有尽有的自助餐

我接下来要谈的内容一直是优秀教育领导们的工作重点，他们在这些方面也做得非常好。自助餐的桌子从来都不是空的，因此，教师们可以尽情取用。

（1）交流——交流是一所学校成功的关键。

对于校园的事务，员工们只有知晓了才能真正参与其中。 优秀的校领导与员工交流的方式往往是多种多样的。 他们使用社交网络，借助一切科技手段传播信息，员工的邮箱里面有每周资讯及其更新。 有时候打私人电话也很重要。 校长必须熟悉各种交流方式，了解怎样的方式最利于员工获取和传递信息。 一定要记住，倾听也是一种有效的交流方式。

（2）冒险——想想第一个吃螃蟹的人，他就是一个冒险者！

自信的管理者敢于冒险，也鼓励其他人冒险。 他们知道失败只是一种挑战，没什么大不了。 敢于冒险的员工一定是个积极行动的人。

（3）反馈——反馈是一种力量。

管理者的职能要求他要不断给下面的员工以各种反馈。 员工们希望了解他们做得如何，可以如何改进，以后会怎样。

（4）放权——精明的管理者懂得下放权力的好处。 对于放权，吉姆·凯瑟卡特（Jim Cathcart）曾用八个"T"来说明：

- 目标（Target）：他明白并接受目的或目标吗？

- 用具（Tools）：他拥有教学所需的用具或者信息吗？

- 培训（Training）：关于如何使用教学用具有足够的培训吗？

- 时间（Time）：有足够的时间让培训发挥效能吗？

• 真相(Truth)：他了解什么是合理的安排吗？

• 轨迹(Tracking)：我有没有为他们提供必要的反馈，确保一切都运行正常？

• 人情(Touch)：我有没有给他们提供足够的帮助和鼓励？

• 信任(Trust)：我信任他们的技术和专业水平吗？

放权需要时间，一旦成功，建立起的将是一个稳固的团体。最成功的管理者懂得放权就是委托、信任，就是把事情交给教师们去做。

（5）奖赏——奖赏就像给汽车加油，它能鼓舞士气，确保学校的成功。

我认为在教育这个领域，我们的奖赏还远远不够。我们花了太多的时间看问题，寻找不足。有些员工聪明并且有责任心，他们工作努力，富有成效，如果校领导更多地关注这些人，学校的氛围就会变得很棒。奖赏是对工作的认可，对员工的激励，也能让好的经验得以分享。

（6）支持——支持员工的管理者懂得既给员工挑战，又给他们掌声。

员工们希望得到来自管理者的真诚支持。像其他事情一样，你给予支持便会收获支持。员工们希望有开放的政策，希望他们的问题和烦恼得到及时关注。

（7）95％和5％的心理学——再说一次，优秀的管理者允许员工用5％的时间来"抱怨"，但其他95％的时间都要用于解决问题。

把主要精力放在解决问题上的员工会更积极，也更成功。

（8）幽默——幽默是喜乐的表达。

成功的人懂得幽默，也爱大笑。成功的管理者明白没有幽默和乐趣，日子就会显得无限漫长。正如之前提过的，没有笑容的一天不算真正活过。

现在你已经了解到自助餐里的所有食材，那么管理者的食谱（R.E.C.I.P.E.S.）（即为了教育教学的成功，督促每个人应该做的）是什么呢？来自乔治亚州密歇根鲍德温镇的马里昂·佩恩（Marion Payne）是一位杰出的教育管理者，他设计了一份营养丰富的食谱，包括：

营养食谱

调料：

- 200袋每日所需的认可和尊重
- 200罐每日所需的交流
- 30杯专业和个人发展的机会
- 400罐幽默和笑容
- 200袋每日所需的支持和赞美
- 100勺反馈

> • 200 勺健康
>
> • 100 勺放权
>
> 做法：
>
> 作为一个整体，将上面所有调料混合装进一个大容器
>
> 不停地搅拌，每天上餐时加热
>
> 可以加上专业性和拥抱作为点缀

或者你也可以尝试下面这个可口的食谱

> **校长们的例汤**
>
> 调料：
>
> • 接受并承担责任
>
> • 坦率自己
>
> • 交流、关爱、奖赏
>
> • 不让成功冲昏头脑
>
> • 放手让他人做事
>
> • 专注于解决问题和取得成功
>
> • 向所有人寻求支持
>
> • 帮助其他人成长、学习、进步
>
> • 敢想

- 敢做
- 了解自己的极限
- 倾听、热爱、大笑
- 激励自己和他人
- 永远不要忘记你为什么从事教育事业
- 打开你的眼、耳、脑，还有你的心扉
- 在回应之前先了解事情的经过
- 懂得发问和质疑
- 尊重所有人
- 努力成为优秀的人
- 认可自我价值
- 善用天分
- 憧憬成功
- 和大家一起勤奋工作
- 预测挑战和困难
- 渴望学习
- 击退负面消极情绪

做法：

混合所有调料，分成大份

上餐时加热

综上所述，如果一所学校的管理者勤奋烹饪主食（M.E.A.L. S.），那么校园里的每个人都会面貌一新。 在营养充沛的校园里，你会看到员工们积极参与工作、态度热情、交流顺畅，人人都有主人翁意识，人人都为自己的团队而自豪。 一所营养充沛的学校就是一所充满尊重的学校，在那里，每个人都有所谓。

> 当学校不再用条条框框来制约人的时候，教师们才会更投入，更好地自我管理……越强调专业性的地方，越不需要领导性；越强调领导性，专业性越难发挥。
>
> ——托马斯·萨乔万尼（Thomas Sergiovanni）

第六章　受不了厨房的热，就请离开！

> "在压力下呈现出来的才是真正的你。"
>
> ——韦恩·戴尔（Wayne Dyer）

所谓真正的发疯就是不停地做同一件事，却期望有不一样的结果。听着像在说你认识的某人，对吧？谈起教育，我们经常忽略一个事实，那就是我们的教育计划其实并不奏效。结果导致教育工作者压力山大呀。正如前面所说，只有一种人没有压力，那就是死人，很遗憾吧？在教育这个领域，到处都有压力，正如这一章的题目所说："受不了厨房的热，就请离开！"如果紧张和压力超出你的承受范围，你要么改变想法，要么改变做法，要么改变活法，选择在你。

有调查表明，美国每年有好几十亿美元是用于解决因为怠工、误工以及工作质量不高而引发的问题。而压力以及焦灼的负面影响最终会落在我们最宝贵的财产——孩子们的身上。教育管理是一份高压力的工作，有学识的教育管理者会平衡工作和生活，以免积劳成疾。

什么是压力？在生活中，有的时候我们的身体会有种冲动，想要把某个忍无可忍的人暴打一顿，但是我们的理智会对抗这种冲动，从而产生某种情绪，这就是压力。或者，更专业一点地说，就是身体对于某些不愉快事件的模糊应对。压力得不到即时释放就可能使人变得沮丧，这是很不健康的。教育管理者需要关注压力问题。一个满是压力的管理者可能带给教师们压力，教师进而将这样的压力转嫁给学生，也就经常产生倍感压力的家长。所以真正关心自己、关心员工、关心学生的管理者一定会关注压力问题，努力找到释放压力的方法，同时也给教师提供减轻压力的机会。

认清高压征兆很重要，包括：

- 行为或者态度上的异常。

- 旷工以及怠工。

- 对于学校、同事以及任何新的举措态度消极、抱怨不断。

- 面对工作有抵触情绪。

- 比较易怒。

- 对任何活动都缺乏兴趣。

- 明显地缺乏规划和准备。

- 外表看着总是很疲倦、沮丧、不开心。

聪明的校领导在衡量员工们的压力之前，要先调试自己的压力值。 压力是导致心脏病、不健康生活方式、疲劳、紧张以及产生失望情绪的主要原因之一，所以我们必须调解压力。 用积极的心态对付压力，有三种选择。 第一，改变现状；第二，摆脱现状；第三，学会不受现状影响。 如果以上三种选择都未成功，那这个人一定是失败的，甚至还会给其他人带去伤害。

是什么导致了压力呢？ 我们自己经常是自己最大的敌人。 以下的一些个人意识可能导致不健康的压力：

- 我必须是完美的,要达到最高标准。

- 我害怕失败。

- 我对成功感到焦虑。

- 对其他人来说我不够好。

- 我比所有人都要好。

- 我不需要再学习。

- 我必须独自完成，无需其他人帮助。

- 我不相信其他人。

- 每个人都必须爱我、尊重我，这样我才是成功的。

- 我是一个失败者。

- 世界是一个非常糟糕的地方，满是糟糕的人。

- 有太多让我焦虑的事情。

- 没有人欣赏我。

- 那一定不行——从来不行，也永远不可能行。

- 现在的孩子们就是冷漠，他们缺乏爱心。

这种负面的自我暗示和悲观的思想会给我们带来很大的压力。积极的自我暗示可以让人乐观勇敢地面对问题。 在我们的工作中，大多数的压力来自遭遇的问题和挑战，因而对问题和挑战进行反思和分析不失为一种良好的压力调解方法。 一个有很大压力的管理者应该花时间对下列问题进行一番思考：

- 我目前压力有多大？

- 导致我焦虑的首要问题是什么？

- 如何清楚地、具体地描述这个问题？

- 为了解决问题，我可以做什么？

• 为了解决问题，我已经尝试做过什么？

• 对于这个问题，我目前的态度是什么？

• 要使问题得以解决，需要做什么样的改变？

• 我要如何促成那样的改变（写出具体的计划）？

• 为了实现改变、解决问题，需要哪些条件？

• 需要做什么，才能让我的改变计划更具有创造性、想象力和幽默感？

• 什么时候开始改变，什么时候完成改变？

• 我是不是只花了 5％ 的时间看问题，而用 95％ 的时间解决问题？

• 关于我工作得如何，需要什么样的反馈（个人的或者是来自同事的）？

• 我感觉如何（评估计划）？

• 现在我的压力如何（再次评估）？

再说一次，意识到压力，并找出造成压力的原因，你就成功了一大半。一旦你制订出计划，完善解决方案，评估出结果，压力就已经被释放了。幸好，我们认识的教育管理者中还有那么一些人好像从来就没有压力！他们几乎都是理智型的人。通过观察、交谈以及阅读，我发现所谓的理智（S.A.N.E.）其实就是自我管理，培养心智。这种类型的人是一群放眼未来，享受工作的教育管理者。他们充满热情，精力充沛，以学生为本，他们的工作标准远超过常规要求。

　　理智型的教育管理者同样面对诸如公众高度关注以及过度批评的挑战，他们也面对各种社会问题，面对那种以为教育可以解决一切的社会问题，甚至能弥补父母缺失所造成的伤害这类不切实际的愿望；他们也处于资源缺乏、培训不够、时间紧张、校舍拥挤等现实中，但他们仍然顽强坚持着。他们是如何做到的？保持平衡，平衡生活中的各个方面。观察理智型教育管理者一天的生活，你会学到关于生活的价值。他们更关注"在"而不仅仅是"做"。正如戴尔·卡耐基（Dale Carnegie）曾经说过的："如果不主动成为你想成为的，就会不自觉地成为你不想成为的。"比起可能的未来，理智型教育管理者更注重现在，他们明白质量比数量更重要。

　　通过走访、观察、了解和调研，我列出一个理智型行为的策略单。杰出的教育管理者会将这些行为策略逐渐内化成为一种习惯。

　　策略1：自己调解压力。

　　结果不受控制，但选择权在你。为了避免选择结果造成额外的压力，理智型的教育管理者会慎重地选择。他们不依靠别人来减轻压力，而是把注意力锁定在结果上。心态决定生活的质量，开心满足的生活源于感恩的心态。生活得如何全在于个人的选择。

　　策略2：知道什么时候自己的工作负荷过大。

　　理智型的管理者知道什么时候需要重新规划和改变。对一些事情他们会说不，他们能识别焦躁的征兆，为了自己，也为了自己生活中的其他人,他们会采取办法避免过度劳累。

策略 3:管理时间,列出重要事项。

人有的时候可能在不停地动,结果却只是原地打转。 要有效率,你必须知道你想要去哪里,并且有一个如何到达那里的计划。理智型的教育管理者设定目标、明确目的、排列重点。 他们知道方向并且锁定目标。 每天都有具体的计划,列出 5~7 件事情,按轻重缓急排序。 在完成既定目标之前,不再额外增添其他要做的事情。

策略 4:生活在当下,不停留在过去的问题、错误或者是成绩上。

我们不能改变过去,也不能预测未来,所以最好的就是活在当下。 昨天是历史,明天是谜题,今天是礼物——这就是为什么英文单词"现在"(present)也有"礼物"的意思! 停下来闻闻玫瑰花香。 享受生活,不要被负面的东西吞噬。 不要让那些鸭子型的人(D.U.C.K.S.)(指那些专门指责打压成功的人)影响你的心态。 充分地活出每一天,不要把时间浪费在自怨自艾上。 爱尔贝尔·哈伯德(Elber Hubbard)曾经写过:"停滞不前就意味着过去变得比现在或者未来更重要。"

策略 5:关注解决问题而不是在困难中低头。

我们当中有很多人曾经去过教师休息室,发现那里简直就是鸭子的池塘(呱呱的抱怨声一片!)。 不幸的是,一些学校就有那样的聚集地,教师们在那里争先恐后地谈论着耸人听闻的事,大声批评甚至是愤世嫉俗地评论指责着。 理智型的管理者会努力避开那样的地方,争取做个解决问题的人——而不是问题的制造人。

策略6:在评判别人以前,自己先好好照照镜子。

发现别人的问题总是很容易,远远胜过自我省查。 在指责或批评别人之前,理智型的教育管理者总是先自省。 他们明白每个人在生活中都有问题,除非我们站在他人的角度,不然是无法真正理解他人的。 犹太人有个哲理小品,是让所有人站成一个圈,把自己最大的困难放到圈子里面,然后让每个人从其中挑一个困难来承担,结果你会发现,大多数人还是宁愿选择自己的那个困难。

策略7:寻找别人的优点和长处。

我们每个人都有尚未开发的天赋,因此要发掘个人的才能、天赋,使之完善。 理智型的管理者在同事、学生、家长以及他们生活中碰到的一切人中寻找未开发的才能,同时也不忘自我挖掘。

策略8:自愿承担风险,时不时地走出自己的安全区。

生命中唯一的不变就是改变。 理智型的教育管理者们充满热情、乐于尝试。 他们努力寻找新方法、新灵感,将未来视作令人兴奋的挑战。 正如查尔斯·凯特灵(Charles Kettering)写到的:"我们都应该关注未来,因为我们的余生将在那里度过。"

策略9:照顾自己。

在教育这样一个充满困难和挑战的领域里工作的人,必须要能照顾自己。 教育专业不比寻常工作,要求很高。 只有理智型的管理者才能在这样的专业里获得成功，因为要培养心智健全的学生，教师们自己的心智必须是健全的，理智型的人才符合这一点。 生活中的他们热爱锻炼，乐于交友，每天都精神饱满，懂得享受生活并充满笑容。 聪明的教育管理者永远不会让日子过得索然无味。

策略 10：生活中要有所不为。

理智型的管理者并不赞同"绝不说不"这句老话。 无论是个人生活还是工作任务都存在个性与共性。 因此，他们绝对相信有些事情是可以"有所不为的"：

- 绝对不能用伤人的方式说任何话，对任何人。
- 绝对不能要求某人做你自己都不愿意做的事情。
- 绝对不能轻视、贬低学生或者同事。
- 绝对不能忘记你为什么从事教育。
- 绝对不能停止学习和进步。
- 绝对不能忘记做学生的感受。
- 绝对不能浑浑噩噩过日子，不爱人、不学习、不微笑。
- 绝对不能忘记这份"不为"清单。

策略 11：注意营造一个积极的、努力成功的氛围。

理智型的教育管理者营造出有利于成功的氛围，在那样的氛围中每个人都有归属感，同时个性也能获得赏识。 员工们可以明确表达个人期望，相互赞赏而不是贬低。 他们关注的是个人的长处而不是短处。 他们行为理智，相信要纠正的是不良行为本身——而不是针对个人。 他们有目标、有爱心、善良、热情且充满自信。

策略 12：真心热爱生活和自己从事的这份职业。

一些人讨厌待在理智型的人身边，因为他们每天都是手舞足蹈的样子，充满活力。 他们乐于融入学校这个大家庭，在社区中他们也喜欢分享学校的正能量，为新的举措鼓掌。 更重要的是，在生活这个大舞台上，他们是积极的参与者，而不是旁观者。

策略 13：喜乐开心（H.A.P.P.Y.）（个性始终是开心愉快的）。

理智型的管理者拥有最好的心态，这样的心态很具有感染力。他们为自己能在这样一个重要并具有影响力的领域工作感到自豪，为自己拥有这样的工作能力而心怀感激，也总能为身边的人带去快乐。

策略 14：了解压力，有稳固的个人信仰。

理智型的管理者知道什么时候需要休息和反省。 他们能将压力转变成动力，在工作之外有业余生活，能培养各种爱好，喜欢锻炼身体，懂得变通。 值得注意的是，他们能够识别压力的征兆，注意保持工作和生活的平衡。 他们的信仰让他们：

• 赞赏他人的付出（有付出就有收获）。

• 让身边的人知道他对他们的爱和赏识。

• 不会因为负面的东西而放弃、屈服——那只会助长负面的压力。

• 意识到家庭和朋友的珍贵，好好把握和他们在一起的时间。

- 打开眼睛和心灵。

- 努力理解他人，从而更好地理解生活。

- 倾听，倾听，再倾听（成为一个好的听众比什么都好）。

- 忽略那些鸭子型的人。

- 记住，目标就是有期限的梦想。

- 永远不要停止梦想。

　　理智型的管理者到处都是。这样的一群人让世界更美好。聪明的管理者每天都在努力让自己成为理智型的人。他们知道，有的时候自己只不过是只虫子，有的时候又是块挡风玻璃！如何应对不同的境况，这就是自己的能力。

　　生活中，我们称为鸭子型的人到处都是。他们在餐厅、在机场、在杂货店，甚至在学校。这样的人只占小部分，但是他们的聒噪声异常响亮，此起彼伏。在员工会议中可以听见他们"打压"那些新点子，在鸭子们的池塘你也可以听见他们那些不屑一顾的言论，在教室里偶尔也可以听到他们呱呱叫嚷着发泄不满。有时因为一周辛勤的工作，校长会奖励每人几十块钱，这些人也会呱呱地说："才几十块呀（啧啧）！不能是一张整的吗？"（听起来熟悉吗？）讲究实效的校长和员工该如何与这种鸭子型的人共事呢？很简单：

　　（1）忽略他们。

　　多数时候，这些人只是为了引起注意。只要你不理会，他们就会去别的地方。

（2）面对他们——"你又嚷嚷了"。

直接问他们，这样嚷嚷是因为真的想改变什么还是只为发泄。讨论分析一下他们的负面情绪，有的时候发自内心的关怀也可以发挥作用。

（3）试着理解他们嚷嚷的原因。

正如史蒂文·科维（Steven Covey）提倡的："先尝试着去理解，这样你就会被理解。"有些人因为伤痛而选择逃避，但消极的表现只是为了从表面上掩饰真正的问题。作为一个有爱心的管理者，要尽一切可能去帮助别人。

（4）赋予他们一份重要的任务或者责任。

有的时候成为鸭子型的人是因为太闲了，他们感觉不被需要，才能无法发挥。赋予这些人一份重要的任务，会让他们感觉到自己的重要性，感觉自己是被信任的。

（5）和他们私下聊聊，帮助他们制订积极的行动计划。

校领导有责任处理那些影响整个学校氛围的人和事。那些对周围的人和事有很大负面影响的人，校领导必须采取行动，这样才能确保学校的成功发展。一味容忍他们嚷嚷只会让这些人变得更消极。

（6）发起一个"寻找鸭子"的活动。

安排每个人试着寻找身边的"鸭子"。当有人开始嚷嚷，其他人就模仿他，学他那样呱呱叫，这可能会让那位鸭子型的员工感到惭愧。

（7）发起一个"领养鸭子"的计划。

让鸭子型的员工和那些积极的员工结成对子。 当这位鸭子型的员工开始嚷嚷时，那个和他结对的员工就去安抚。 他会说："安静，安静，这只是个规定项目的工作备忘会，不用太紧张。"营造一个友好的氛围对大家愉悦共事确实是有帮助的。

（8）不要让他们毁了你的一天。

最重要的是，日子是属于你的，不要让任何人毁了你的生活。 勇敢些，认真去帮助、去倾听，但也要有限度。 到了一定的时候，你必须朝前走，让那些"鸭子"们一边去自己反省吧。

压力是切实存在的，我们必须积极面对。 优秀的校领导愿意努力去调解压力。 调解的方法，我们在上一章已经讨论过了。 但是在调解压力的时候，还有一个重要的东西值得我们关注，大多数有远见的管理者也都知道，那就是幽默感。

在教育这个行当里，没有幽默感是无法成功的。 幽默感是战胜压力的法宝。 没有幽默感，你会被压力吞噬。 拥有了幽默感，管理者们就学会了如何处理问题，学会了举重若轻。 在各色各样的氛围中，校领导应该把自己学校的氛围设定为幽默。

每个人都知道，健康源自轻松诙谐的氛围。 我们知道因为大笑而引发的身体反应包括：

· 激发大脑内胺多酚的产生。

- 深度呼吸从而为血液输送更多的养分。

- 放松紧张的肌肉。

- 免费的面部拉升。

- 锻炼腹部（比仰卧起坐更容易）。

- 降低血压。

- 一份好心情。

- 更多的笑容。

幽默感：

- 是自我嘲讽的表现。

- 是在任何情况中找乐子的能力。

- 是在和别人一起笑的时候就能获得。

- 明显体现在那些会讲笑话的人身上。

- 是在绝望中仍然可以看见光明的一面。

- 是在紧张的氛围中保持放松。

- 决定是否有能力"喂养"他人。

　　要想在教育这个富有挑战的职业领域中成功，幽默感必不可少。优秀的教育管理者也需要练习才能保持幽默感。要做到幽默，至少努力尝试做到下面的内容：

　　（1）在早上起床后大笑，用笑容开始一天的生活。

　　（2）每天都讲些好听的笑话。

　　（3）一天中至少每小时笑一次。不想笑是吗？那就假装笑，直到你可以真正笑起来。

（4）不必非等到能笑的时候笑，现在就笑吧！

（5）每天至少玩一次，在你的生活中找些好玩的。如果找不到就制造一些。

（6）拥抱那些需要被拥抱的人。（一个没有碰触的拥抱也可以，比如一个微笑，一句友善的话，或者在某人的背上轻轻拍一下也有很好的效果。）

（7）小步前进。生活是一场冒险——到达目的地不是唯一目标。

（8）保存一个幽默备忘录，收录那些有趣的事情。幽默就在我们周围。

（9）做一个赢家——不嚼舌，不抱怨。（你为抱怨搭配相应的微笑了吗？）

（10）让幽默成为习惯。

记住，没有笑死的人。一所开心的学校是一所"有所为"的学校。要有真正持久健康的心态，幽默必须成为日常生活的一部分。在总结这个关于压力的章节时，我愿意同大家分享我个人关于调解压力的15个方法，希望它们可以帮助你减轻压力，学会微笑。一起来看看吧。

（1）给自己写个备忘录，恭喜你拥有这样一个伟大的职业。

（2）做一个"杂事日志"。当你哼哼时，一定不容易感觉到压力。

（3）烤一袋爆米花，但不要盖盖子，那噼里啪啦的声音也是一种压力的释放。

（4）列出那些你已经做过的事情。

（5）坐下，没有原因地放声大笑。

（6）寄花到单位给自己，在卡片上写"来自一个神秘的崇拜者"。

（7）为同事送上"独特的"惊喜。

（8）至少找三个正经历困难无法"放松"的人，给他们分别讲一个笑话。

（9）假想一下你在暑假里要做些什么。

（10）拥抱你的老板，感谢他的善行。（注意：拥抱前请先征得同意。）

（11）录下自己"原生态"的声音，不要做任何修整。

（12）坐在办公桌前，为自己的双手涂上护手霜，让香气带给你好心情。

（13）当和你的同事一起开车时，让雨刷动起来，为大家添点乐趣。

（14）在教师休息室，模仿传真或者调制解码器的噪音，营造轻松的气氛。

（15）在说完每句话后加一句"这是预言"，有时候也会增加幽默感。

放松压力，努力向前。 你会成功的!

如果你

比明智的人多用心

比稳妥的人敢冒险

比实际的人爱做梦

比止步于可能的人有更多期待

你

就可以卓越不凡

——佚名

第七章　脱脂甜品

（支持、鼓励、奖赏教师的办法）

> 比起金钱和异性，人们更渴望被认可和赏识。
>
> ——玫琳凯·艾施(Mary Kay Ash)

　　优秀的教育管理者知道从工作中获得满足感很重要。 员工希望被赏识、被尊重、有自主权、能实现自我价值。 当一个管理者耐心去交流、关心、调解，去"喂养"员工时，收效往往是惊人的。 一位积极的校领导能让员工明白努力会得到赞赏，失败不是最大的问题，有趣又有所得才是关键。 这些行动型的管理者懂得认知的重要，他们也因为有观察、倾听、支持、鼓励的能力而受到欢迎。

　　记得我在第四章中提到的如何度过"糟糕的一天"吗？ 直到今天，我都还保留着我的"生活记录"。 每当我想辞职不干，宁愿去当服务员或者去经营一家服装店的时候，我就开始细读那份档案。 在那里有鼓励、感谢、赞赏的话语，有来自学生、同事、领导、家长甚至是陌生人的关爱。 最多 10～15 分钟，我就会感受到自己待的地方是对的——我拥有的是一份最好的职业。 这就是不断给我动力的甜品。

　　想要影响他人的行为是困难的。 那是一个漫长、乏味的过程，但是改变是有可能的。 有决心的教育管理者不愿意放弃任何人，他们会尽一切可能将鸭子型的员工变成鹰型员工（E.A.G.L.E.S.）（指那些为了学生，愿意不断学习成长的教育者）。 经过前面的章节，或者说是前面推荐的食谱引导我们来到了甜品环节——这是任何一餐中最让人愉快的时刻。 不过，一所学校的教师们首先要"有的吃"（F.E.D.）（获得每日能量），这才是关键。 珍妮特·菲利普斯

（Jeanette Phillips）是我一位很好的朋友，同时她也是加利福尼亚州夫勒斯诺市一位很杰出的校长。 她开出了下面这张甜品单。 下面的甜品仅供你选择——有的可能刚好合你胃口，有的可能在你的学校行不通。 重要的是让员工们体会到这是一种持续的而不仅仅是一年或一周才做一次的活动。 同时，请记住，这些甜品不含热量，值得你下功夫去准备。

（1）员工生日庆祝会——让员工们的生日过得有意义。 可别忘记那些在假期或者周末过生日的员工哦。

（2）整年的或者假期里的神秘朋友——让员工们在一年中彼此关照。 最好确保准备的礼物是有意义、有趣的，但是花费不大。

（3）"你需要微笑"奖——由一份俗气搞笑的礼物开始，在员工中循环传递。 礼物要送给那些正在经历困难、压力或者正好需要微笑的员工。

（4）"又一个伟大星期"咖啡零食聚会——在一周结束的时候，举办一个聚会一起分享成功和笑容。

（5）组织小组讨论，为困难寻找解决办法——当遇到困难时，征召志愿者来解决。 鼓励"跳出条条框框"的思路。

（6）建议/问题/焦虑箱——设置这样一个地方，员工可以写下他们的建议、问题以及焦虑。 在会议上讨论或者通过书信交流。

（7）"感谢上帝，还有今天"茶话会和午餐会——"感谢上帝，还有今天"的茶话会或者聚餐很重要。 我们需要时间反思和庆祝。

（8）做好清洁，保持教师休息室环境宜人——让教师休息室成为一个环境宜人，充满正能量的地方。 避免鸭子型员工聚集，鼓励一种欢愉的氛围。

（9）月度健康会议以及最新资讯——组织一个健康委员会或者一个健康部，每周交流信息。 为员工们提供最新的健康资讯、美味的食谱以及改善自我感觉的方法。

（10）"请教师们午餐""免校车值班""放松假"等奖券——组织抽奖或者随机发放"感谢卡"。 任何时候员工们都会很高兴你减轻他们的任务。

（11）每天或者每周交换教室或者工作——校园团队一起工作，尊重其中的每个人。 通过"试穿别人的鞋"，员工们可以学会尊重他们的同事，也可以感受一下"别人碗里的饭不一定更香"。

（12）跟班一天——在专业的领域中，应该坚持不懈地相互学习。 由代班教师、校长或者学区负责人上课，员工跟班学习，这样他们也可以有不少收获。

（13）做一天学生——有一种好的学习方式就是成为学生，体验一天学生的生活。 同时由代班教师、校长或者学区负责人上课，这样的体验会有很好的效果。

（14）"干得不错"告示栏——设定一块展板展示员工们的成就和

荣誉。 例如，有员工的小孩儿大学毕业了，就可以在这个地方公示，以示祝贺。

（15）随意着装日（反穿、戴帽、穿得像学生等）——尽量做到让学生觉得教师也是普通人。 开心就好！

（16）校长日——通过推选或者随机抽选，让员工每月或者每周做一天校长。 这样的角色交换会让管理者获得前所未有的尊重。而这天校长也可以为这位教师代课。

（17）月度教师奖——这个活动要求学校有高度的团结精神。 组织一群学生做"评审"，每个月评出月度教师。 获奖的教师将接受采访、拍照，在那个月中享受一定的福利。

（18）"给你戴帽致敬"奖——设计一顶通俗有趣的帽子赠予受到奖赏的教师，请他佩戴一天这顶帽子。

（19）设计一本员工食谱——这可以是一次大型的食谱募集活动。 可以邀请员工，也可以邀请家长或学生们一起来分享他们最喜欢的食谱。

（20）组织读书会或者期刊讨论会——我们都希望读得多、学得多。 在读书会中讨论最近读到的书或者期刊，是帮助交流、成长、分享的一个重要途径。 在那里我们可以讨论最近出版的一本书或者是最新一期期刊。 这样的学习一定很有趣，大家可以每月或者每两个月组织一次这样的学习。

（21）设置全校电邮或者语音邮件——科技控的校长希望有科技控的员工。他们会努力建立尽可能多的交流方式。

（22）举办"牢骚和奶酪①"聚会——你的员工中有人因为生活工作有较大的变故而压力超负荷了吗？把每个人聚在一起，喝点饮料，吃点奶酪，嚷嚷一通，发发牢骚吧。一小会儿的抱怨和牢骚之后，再全力以赴去解决问题也是好的。

（23）"认可员工"计划——请家长或者附近社区的人负责认可一位员工。在未来的一年时间里，他们一对一向这位员工表达感谢，发给他们奖金。理想的情况是每位员工都能得到认可。

（24）邀请员工来办公室——给员工留张纸条说你希望在某个时候见见他。当他进入你的办公室时，准备些饮料和小吃，谈谈你欣赏他的一些地方。留下足够的时间随便聊聊，也可以让员工提些问题。在他们个人的档案中写下正面的记录。

（25）夹道欢迎——在员工们走进大门，或者走进大厅参加员工会议的时候，可以夹道欢迎某位优秀员工。随后奉上一些小吃或者其他小小的奖赏。

（26）和员工的接触可以延伸至校外——可以在周末或者晚上给在家的员工打电话，告诉他们你对他们的欣赏以及原因。

（27）在新学年伊始，举行"我的袋子"活动。先介绍一下这个

---

① 译者注：cheese本身的意思是奶酪，但因为在拍照时，英语国家的人也习惯说"cheese"，鼓励大家微笑，所以，cheese也表示鼓励人微笑。

破冰游戏。 注意：首先，每个员工带上一个装有三五样东西的袋子，那些东西都应该是方便介绍给别人的。 要求每个人必须参与，并且都有时间准备，同时限定每人展示的时间。 这个游戏的时间要足够长，以使每个人都能有机会展示自己袋子里的东西。 如果活动的时间太长甚至超过了一天，那就化整为零，在平时随机抽时间做。通过这个活动，员工们可以更多地了解彼此。

（28）组织员工才艺秀——员工中有很多隐匿的才艺。 学生们也乐于看到教师们的另一面。

（29）组织员工和学生之间的篮球、排球联赛——组织学生和教师的对抗赛。 这也可能成为募集资金的活动。

（30）让学生们用彩带，用自己做的标语牌和横幅来装扮教师休息室，让教师们知道他们是受欢迎的——让教师们确实感受到来自学生们的喜爱，这很重要。 要允许学生自己来组织这种活动。

（31）便利贴疗法（我爱便利贴留言）——最好的疗法可能就是在便利贴上写上一句积极的话，贴在桌上、咖啡杯上或者挡风玻璃上。 容易、快速、便宜，还很有趣。

（32）为学校的不同地方命名——用职员的名字来给学校里的建筑物命名（比如詹姆斯·戈蒂埃走廊）。 那一定很有趣，而且还很有创意。

（33）组织自我夸奖的早餐聚会——邀请员工们一同吃早餐，他们可以在早餐中分享自己或其他同事的成功故事。

（34）组织集体健康检查——通过兄弟单位以及社区或者家长的关系，为员工们准备一个健康日。 进行血压、胆固醇以及其他检查。 发挥社区资源，组织有关健康生活方式的讲座。 正是通过这种单位组织进行的全面体检，很多生命得到了及时保护。

（35）在每个员工的信箱里放朵玫瑰——放朵玫瑰花并留张字条，上面写"送给你"，并附上表达感谢的字句。

（36）开展环境美化活动——和社区以及商业团体合作，保持校园美丽宜人。 邀请家长或者学生捐种树木，或者以一位员工的名义种植，然后举行认领仪式。 当然也可以邀请媒体参加。

（37）在开会时举行抽奖活动，并给予入场奖——教育是一个很重要的事业，所以我们必须尽力让它变得有趣。 杰夫·贾斯瓦提（Jeff Garthwaite）是美国佛罗里达州彭萨科拉市沃灵顿中学的一位了不起的校长，他就常常在员工会议上颁发入场奖和免费礼品。 他还安排字谜竞猜游戏，知道正确答案的员工可以获得奖品。

（38）组织员工聚餐或看电影——了解员工的一个重要途径就是和他们共同度过一个傍晚。 一家有趣的餐厅或者一部好看的电影就很有效。 记住，不一定人人都乐于参加，但那没关系。

（39）组织员工出游——提前安排一次乘校车的出游，给员工们惊喜，带着他们走过所有学生上学的路线。 在这期间，员工们可以体验到：①学生们来自哪里；②学生们上学要花在路途上的时间；③校车乘坐的感受。 活动结束之后大家可以找家餐厅一起用餐。

（40）落实坚持默读（S.S.R.）计划——这个计划是为了给员工们提供定期阅读的机会。 可以在每天设定专门的 15～20 分钟，整栋楼的人都静静阅读。 对于学生们来说这也是很好的榜样。

（41）与当地运动中心合作开启员工健身计划——健康对于我们这个职业非常重要，应该鼓励任何一种旨在提高员工健康状况的计划。

（42）为员工提供特别的停车位——通过某个特殊的活动或者随机抽选，允许获胜者在某个特定的位置停车一周。 可以在那个位置上标注他们的名字以示保留。

（43）允许每个员工有一天时间可以做特别的安排——为每位教师提供可代班人选，这样他们就有一整天的时间可以灵活安排。 这应该属于规定日程的附加部分。

（44）来一个"推杆进洞"的高尔夫聚会——当有员工非常疲倦需要激励的时候，在迷你高尔夫球场组织一场员工高尔夫球循环赛。 每个人都可以参加，这有助于赶走疲劳。

（45）鼓励员工做演讲，在刊物上发表文章——员工有发表文章的甚至出书的，这些都值得庆贺奖赏。 同时也要奖赏在学校大会或者工作小组会上发言的员工。

（46）在当地报纸上购买一个版面——在一学年开始或者结束的时候，在报纸上刊登员工们的合照并附上感谢词。 如果由家长们来承办，效果可能会更好。

（47）持续不断地建立、完善一个能帮助员工专业成长的图书室——腾出一个专门的地方供员工读书学习。鼓励他们分享自己希望订阅或者已经拥有的资料。

（48）举行"你值得加分"活动——当某人做了一些值得称赞的事情时，送给他一大份巧克力饼①和饮料作为奖励，并附上一份感谢词。

（49）完善强大的家长志愿者项目——无论哪个年级，如果组织得当，可以成立家长志愿者团队。再强调一遍，如果把家长们动员起来，学校会获益无穷。

（50）在每个员工的桌上或者信箱里放一个苹果——附上一张纸条，写着"一天一苹果，压力远离我"。

（51）邀请管理人员为员工们准备和发放早饭或者午饭——这是真正意义上的"喂养"员工哟。

（52）"捕捉你的伟大瞬间"展板——为员工们照一些工作照，附上解说，或者设计一些展示团队工作成果的活动。对于学生们，则可以办一个名为"捕捉你的学习瞬间"的展板。

（53）邀请学生为员工们设计特殊的赞赏徽章——学生的创造力是无穷的。可以组织一个学生社团征集为教师设计的赞赏徽章。

（54）每天都有一个积极的开始和结束——在一天开始时，准备

---

① 译者注：browniepoints 表示品行加分，而 brownie 本身有巧克力饼的意思。所以为品行好的人发巧克力饼，其实隐含有表扬的意思。

一些积极的便条，比如"每日智慧""每日笑话""每日箴言"等。同样的，在一天结束的时候，也可以准备一些富有积极意义的便条。

（55）分发拥抱券——如果你不好意思被真正拥抱，可以设计一份证书或者奖券，写上"因为……，你荣获一个拥抱"。员工可以用他们的"券"在食堂换橙汁或者小吃，又或者每周、每月参与抽奖。

（56）"带宠物上班"日——另外一个有趣的活动就是在一堵墙上贴上员工喂养的宠物的照片。然后举行一个"为宠物找主人"比赛。我的学生曾经很爱听我讲关于我宠物的事儿，见到我的宠物他们也很高兴。我想这个活动可以让学生感受到教师生活中的另一面。

（57）制作你的圣代冰激凌聚会——在员工进入会议室或者某个活动现场时，拿出所有准备好的制作圣代的材料，举行"最美味圣代"的制作和评选。

（58）计划一次员工的退省——为了帮助员工成长，花钱组织员工退省是值得的。退省就是让员工们离开校园、离开教室，在一段安静的时间里反省、学习、突破自我、开怀大笑。因为退省而取得的进步远大于一味待在校园内的发展。

（59）"你需要休息一会儿"午餐——从当地一家餐厅预定午餐，一定会让员工们喜出望外。

（60）和当地商业机构协议或者合作——员工们应该与时俱进，

因此，他们需要手提电脑或打印机之类的办公设备。一位重视现代科技的校长会懂得为教师们提供一些必要的装备资源，这样才能让他们跟上时代的步伐。

（61）分发"如何让你的工作更轻松"的表格——要不断提供机会，让员工们可以提出他们在工作方面的需求。但是，如果只是让他们提了而无法得到满足，那还不如别让他们提。

（62）准备一份清楚有效的、以学校事件为主的日历——这是为了杜绝临时兴起，也是为了让每个人都知道学校的各项活动。可以请小组轮流负责日历更新。

（63）开会的时候不要忘记食物或者小吃——一份简单的小吃和饮料代表的是"一份关心"。

（64）与一家按摩中心合作——邀请当地的一位按摩师每周带着他的按摩椅到学校来。员工们可以提前预约按摩，消除他们肩颈背部的不适。

（65）提供一个可以打私人电话的地方——正如前面提到过的，能够接听私人电话很重要。员工们或许遇到急事，或许有不好对付的家长来电话，或者有一些个人问题不想与其他人分享。所以最好在每个小组或者部门可以有一个封闭的地方让员工们可以打私人电话。

（66）提供一个让教师可以与家长或者家长委员见面的地方——校领导应该懂得准备以及召开家长会的重要性，所以最聪明的做法就是尽力提供一个让教师和家长都舒心的环境。

（67）允许外出午餐——允许员工们偶尔离开校园举行小组聚餐，将它视为对员工们的一种奖励。这样的活动对员工具有很大的激励作用。

（68）提供适当的资金支持——懂得人情世故的教育管理者知道，资金支持也是"喂养"员工的重要资源。这些管理者会非常关注资金预算，他们会为员工提供合作商社，增加补贴以及其他经济上的支持，确保员工们不会因为购买工作所需的材料和用具而破费。

（69）为学校设计校徽和校训——被"喂养"着的员工使用的东西都应该有学校的校徽和校训，比如印有笺头的信笺、便笺本、招贴、铅笔以及其他东西，在特定的日子里，应该要求学校里的每个人都穿印有校徽、校训的衬衣。

（70）牛仔裤日——几乎人人都爱牛仔裤。优秀的校领导一般会要求员工们"着装简洁"，但也可以时不时变通一下，允许至少每周或者每月有一天可以穿牛仔裤那样的休闲装。

（71）设计一个带有校徽或者员工名字的咖啡杯——我们都喜欢看见自己的名字。一个简单地写着某人名字的咖啡杯或者茶杯，会传达非常有力的信息。

（72）邀请学生们为教师擦洗车窗玻璃，并在挡风玻璃上留下表达感激的便条——学生们喜欢参与。这个活动可以由学生服务社或者家长委员会来组织实施。

（73）邀请家长为员工们写一些鼓励性的留言——通过和家长交流沟通，鼓励他们为那些值得赞赏的教师留言表达感谢。

（74）与当地某家公司或者商店合作，请他们为教师提供优惠券——拜托或者恳请地方机构、公司或商家为获奖教师提供赞助。

（75）颁发"金色态度"奖——当一位员工表现出金子般的工作态度，或者在态度上有了巨大的转变，呈现出新的面貌，就可以授予一枚简单的（材质并不很贵重的）徽章。

（76）筹办一场小型现场会——安排一天时间举行一场旨在提升员工发展的现场会，由教师培训教师。 邀请每个人参加，也可以邀请一些主流媒体，这样的活动会收到很好的效果。

（77）长期组织员工培训——组织一个长期的指导或者培训计划，帮助新员工发展。 如果有老员工参加的话，新来的教师们会感觉很受欢迎，并受到鼓舞。

（78）组织教师参加一些教育专业协会，由校方支付会员费——只要可以帮助教师提高教学效果，无论什么协会，都是有价值的。学校应该为这一项的支出留出特别的预算。

（79）举办年会——举办学校年会，以此表示对员工们在过去一年工作的认可。 当然，可以准备一些好玩的礼物。

（80）为敢于冒险的员工颁发"勇气奖"——鼓励并奖赏那些敢于打破常规，为生活增添色彩的员工们吧！ 一个真正有创造力的校长在授予这种奖项的时候甚至可以扮成"胆小的狮子"模样。

（81）在征求员工意见时，请表现出真诚的态度——不要就已经决定了的事还走过场征求员工意见，调查问卷的结果也一定要公布。

（82）形成一种"变变更好更健康"的整体风气——一个不错的方法就是鼓励员工每五年改换一次教室外观以及办公室的装饰。 这样做让每个人呈现出一种新面貌，也迫使大家扔掉一些东西。

（83）设置"轻松一刻"展示栏——在这里每个人都可以分享一些漫画、乐事以及一些笑话（当然是一些健康的笑话）。

（84）发起一个"我们关怀"的活动——建立起一个渠道，使员工可以通过这个渠道告诉教育管理者某位员工有困难，需要一个拥抱或是其他形式的帮助。 校领导不可能知道校园里发生的每件事，因此，需要建立这种及时反馈机制。

（85）在教师休息室设置一个"消除呱呱声"的罐子——当发现有员工呱呱抱怨的时候，就叫他必须往罐子里放上一定金额的罚款。 这笔钱可以用于鼓励和"喂养"有正能量的教师。

（86）举行一个"不谈教育"的员工聚会——邀请员工参加一个聚会，在这个聚会上严格禁止讨论教育、学生以及学校管理。 发现任何人谈论这样的话题就必须罚他放 1 元钱（或者其他金额）到篮子里。

（87）给每个人发一个鸭鸣器——当在员工会议上听到不正常的

呱呱抱怨声时,大家可以吹响自己的鸭鸣器。

(88)在一年中策划不同的主题日——允许员工筹划一些有趣、有创意的主题日。比如微笑日、眨眼日、决心日以及英雄日等。

(89)安排一个"我们可以战胜任何困难"日——在面临一个巨大的转变或者一个新开始的时候,可以组织员工举办这样一个聚会,给他们鼓劲儿打气,并发给每人一颗棒棒糖①,预祝他们成功。

(90)购物金卡制——与当地的商店或者商场合作,给教师金卡会员待遇,让他们享受一定的购物折扣。

(91)"放风筝"奖——对那些压力过大的员工,奖励他们一个风筝,邀请他们休息休息,玩一玩。给员工一个风筝去放,好过给他开一次会。

(92)设立"飞黄腾达"计划——这个计划旨在设计出一些方案来激励员工尝试各种创新。

(93)由学生和家长配合校方为员工策划主题为"我们欣赏你"日——可以举办有趣的餐会。被人认可总是能激励成功,尤其是这样的认可不仅仅来自学校,还来自学生和家长时,效果更为明显。

(94)策划百家菜午餐——组织几次百家菜午餐。这个活动可由小组或者某个特定的委员会全权负责,学校方面可以提供饮料。

(95)在当地餐馆搞一个社交联谊活动——策划一顿工作餐,鼓

---

① 译者注:lick any problem 意思是"战胜任何困难",但 lick 也有"舔舐"的意思,所以作者建议为教师们发棒棒糖,舔棒棒糖在这里隐喻克服战胜困难。

励员工参加。 如果有员工拒绝,请不要失望——欢迎那些出席的(不要浪费时间给石头施肥,给野草浇水)。

(96)在结束走访或者调研后,在教师们的信箱里面放上一些表示肯定的纸条——告诉教师他的课很棒,他的一些做法让人欣赏;告诉他,他的课堂切实遵循了以学生为中心的原则。 记住——交流永远不嫌多。

(97)为每位员工定制名片——教育也是一种经营,员工们应该有自己的名片。 新学年可以由此开始。

(98)在教室或教学大楼的"荣誉墙"上展示教师的学历证书以及其他获奖证明——教师是唯一不喜欢向人炫耀自己的文凭和获奖证书的一群人。 应当鼓励教师向学生和家长展示自己的成就,让他们知道教师是值得尊敬的。

(99)每次在员工大会时,设置一个"向某某脱帽致敬"环节——在每次会议开始之前,预留一些时间让员工向他们中的优秀者致敬。 这样做能表达员工的成熟心态以及职业精神,可以减少相互指责、讥讽和呱呱的抱怨声。 这个活动可以邀请上级部门和董事会成员参与,争取得到他们的支持。

(100)在周一的分享交流活动中,设置"一周大事件"环节——把教师或者小组组织起来,让每个人都了解每周学校里的一些大的动向,如什么时候某个教研组或者某个班要搬家,或者,什么时候有一场大型音乐剧即将开演,等等。 要记住,分享,分享,还是分享。

（101）在出人意料的时间，以出人意料的方式奖赏员工——要用有趣的方法来奖赏，多些创意。比如当某位员工获得奖赏时，可以邀请一小群员工拿着彩条、充气棒、喇叭和一些小吃冲进他的办公室。大家好好玩一玩。

（102）出人意料地送一杯咖啡或者茶以及一些小吃到教师休息室，同时附上一张"感谢"卡——有的时候，一杯咖啡或者茶以及一些小吃胜过百万英镑。关键是要用心。

（103）设立"干杯"奖——赠送员工一瓶他最爱的饮品，并附一张便条，写上他让人敬佩的方面。（当然，如果在校园内赠送的话，最好是非酒精饮品）

（104）组织员工去参观其他学校，记下可以采纳的实践和做法——多数时候，观摩会直接带来有效的成果，至少可以激发创意。所以请经常组织这类参观学习活动。

（105）在周年庆聚会上，分发年度员工相册——赠送给员工每人一个"随意拍"相机。鼓励他们拍些有趣、有创意的照片。在年末的时候收集到一起与大家分享。

（106）为教师代一段时间课（计划安排或者出其不意）——一所学校的管理者为学校教师代代课，没有什么比这个更有意义（优秀的校长永远都不会忘记当教师的感受）。这样的举措胜过金钱的奖赏。

（107）每天巡访课堂，衷心赞赏教师和学生——要平易近人。

（108）出其不意地在每个人的信箱里放些甜食——比如巧克力，巧克力是最好的甜品(D.E.S.S.E.R.T.S.)之一，作为一份惊喜，那一定会让人感觉惬意。

（109）让员工们参与新员工的面试招聘——征求建议，征求再征求，充分发挥员工能动性。

（110）请员工或者教研小组来组织安排员工大会——好的教育管理者从不包揽一切。 他能有效地利用学校的一切资源来进行会议前的鼓劲热身活动，如玩点有趣的游戏，当然，食物是必不可少的。

（111）要有足够的委员会，但建议每个员工每年只服务于一个委员会——不要设太多的委员会，那样只会导致会议成堆。 每个人只服务于一个有意义、有成效的委员会，会议次数要合理。 有人曾经说过："罗马帝国不是开会开起来的——它的建立是因为实实在在战胜了对手。"

（112）除非是紧急情况，应尽量避免打断课堂——我们知道不停地打扰会破坏整个课堂的流程，所以要注意校内广播和其他方式对课堂的干扰。

（113）利用新闻周刊、每日快讯、电邮、小组以及社交网络等方式交流——教职员工需要知道学校正在发生什么。 善于交流的教育管理者在每周开始的时候都有一项讲话，内容是关于学校最新动态的，包括行事日程、热点、最新消息、"心灵鸡汤"以及其他一些有意义的资讯。 可以把讲话内容拷贝一份，通过电子邮件、语音邮箱等方式分发给员工。

（114）对加班或者超额工作的员工提供额外休息日或者额外收入——如果可能的话，补偿时间最好。 当员工为学校付出了额外劳动，理所当然应该获得一些补偿。

（115）给小组长和委员会主席提供补助——希望地方教育管理部门认识"喂养"教师的重要性，并尽可能提供支持。

（116）为每位员工提供印有学校宗旨的笔记本——学校宗旨、校徽以及校训必须处处可见。 员工获得的任何奖品上都应该印有他们学校的宗旨，这个很重要。

（117）设立一个"为孩子伸长脖子"的奖项——奖品可以是长颈鹿样子的东西（比如胸针、填充玩具或者证书），并附上友善的话，任何一个为学生真心付出的教师都值得被奖赏。

（118）不定期地送上一些"鼓励性祝贺"以感谢员工——设计并发送多彩的"鼓励性祝贺"。 员工和学生们也可以自己编辑这样的祝贺，发送给其他人。

（119）鼓励并与员工一起参加各类研讨小组或研讨会议——鼓励教师们把握每一次学习成长的机会，鼓励他们走出去，和校领导一起去参加各类研讨会，这样可以培养员工的主动性。 尤其是当你的员工有能力、也愿意积极参与学校管理时。

（120）邀请员工参与制订员工发展的培训计划——在制订培训计划时，向员工们征询意见。不要为培训而培训，要有切实的内容。

（121）由各教研小组每月轮流编写员工通讯（包括一些幽默小段子）——为了方便员工之间的交流与沟通，可以设立这样一个交流平台，展示一些同事间发生的幽默笑话，让大家来猜猜都是谁的故事。这样做的目的在于使大家融合、交流、开心。

（122）制作一份职工年度手册，介绍员工们的信仰、工作经历、学历以及其他一些有趣的信息——要让家长和社会了解学校教师的工作履历、学历以及毕业院校等，让他们知道我们为拥有这些教师而倍感自豪。这很重要。

（123）创建网页以展示教师的工作成果，让家长、学生以及社会随时了解我们的优秀教师以及他们的成就，要让他们觉得有这些教师是多么幸运——通过网站，教师们可以真正交流他们的目标、期望、工作以及需求。要主动完善网页，时常更新内容。

（124）为员工颁发"照亮学生生活"奖——在被评出的教师桌上或者教室里放一盏特别的灯具（或赠给员工其他可以增强教室氛围的东西。）可以请当地的商店捐赠这些灯具。

（125）和当地媒体建立良好关系，在报纸或者地方电视台报道一些学校活动——在这方面我们一定要为自己做好宣传。媒体很少会主动找我们，所以我们必须主动出击，让媒体成为我们的朋友。

（126）鼓励一些商家负责人、学校董事会成员以及家长在某天来学校看望我们的教师——邀请，邀请，再邀请。 不断发信息、打电话，鼓励他人来参观你的学校，见识见识那些优秀的活动。

（127）准许员工在生日那天休假（如果那天刚好是周末，就另外安排一天休息），同时邀请校领导或者校董事会成员在那天为教师代课——无论你相信与否这是可行的。 而且对于管理者来说，很值得一试！

（128）请学生或者家长在教师生日时，为教师送上一盆植物或者一张卡片——如果学生中有类似生日俱乐部的社团，那就更容易了。学生们可以亲手栽种植物、亲手设计生日卡片。 他们会很喜欢为教师们送上自己的作品，献上一份特别的生日祝福。

（129）组织员工手工作品展，在那里员工们可以卖出一些作品，收入可以作为"喂养教师基金"——在手工作品展上展出的员工作品，一定会大受欢迎，因为它们出自教师之手，许多学生会非常乐意购买。

（130）组织集体午餐，优秀学生可以和他们的教师共进午餐。准备一张特别的餐桌，铺上桌布，配上好看的陶瓷餐具，摆在中间——通过吃喝来庆祝总是有效的。 让餐厅成为一个让人愉快的地方，在那样的氛围中，学生会变得有礼貌，举止得体。

（131）颁发"超时工作"证书——为超时工作的员工颁发一张简

单的证书作为奖励，代表"我知道你的付出，衷心感谢"。 所有教学小组都可以申请这样的证书来颁发给他们小组成员。

（132）"甜品反过来拼就是压力"①——举办一个惊喜的甜品派对。 和员工们分享一些减压方法。

（133）"最具团队精神"奖——赠送一个棒球头盔给那些展现出团队精神的小组成员，让他戴上这个头盔一天，并且在那一天可以免费享用校内所有的小吃。

（134）举行笔友计划——奖励员工一套漂亮的钢笔套装。

（135）鼓励督学、地方人事部负责人以及学校董事会成员为员工们送上激励性的便条——员工们乐于得到来自学校以外的认可。

（136）鼓掌喜迎发薪日——在发薪日那天，放一个"发薪日"牌糖果在每个人的信箱里，庆祝发薪日。

（137）举行"惊喜——你获胜了"的游戏——在开会前或者员工到场前，在某些座位贴上奖券、礼物证书、现金，或是其他惊喜，到时候，让所有人看看他们是否中奖。

（138）安排日程要注意限度——不要用没有意义的活动侵占员工的日程安排，在计划具体活动时，也不要把日程填得太满。

---

① 译者注：英文"甜品"是 dessert，将这个词反过来拼写就是 stressed，意思是"有压力的"。

（139）在校内发行面额不等的现金券——用于奖励努力工作的员工。每月一次，他们可以用这种现金券来竞拍由当地商铺或者员工捐赠的物品，这些物品最好是些好玩的小玩意儿。

（140）颁给敢于冒险的员工"螃蟹"奖，即一打螃蟹——第一个吃螃蟹的人是敢于冒险的。要用特别的奖品奖励先行者。

（141）团结（团结收获更多）奖——组织一次特别的午餐或者活动来奖励某个教研组或者委员会，奖励他们的共同努力，为他们整个集体鼓掌。

（142）筹办超级员工晚会——安排一些所有人参加的活动，邀请员工们把家属也带来，使之像一个家庭聚会。

（143）设置名为"学生翅膀下的风"的奖项——奖励那些敢冒风险去帮助困难学生的员工。可以奖励他们一个徽章或者证书。

（144）组织校园剧表演或者其他校园活动——最好让每个人都能参与。校园剧、表演宴会，或者一个全校性的活动，让大家有机会一起合作。

（145）"乐饮"聚会——当一个小组成功完成某项任务时，举办一个酒会（非酒精的自然饮料）以示感谢。送给每个成员印有学校校徽或者校训的小礼物。

（146）保证每位教师的教室里有个时钟——在教室里配上一个时钟好像没有什么特别，但却有不一样的效果。干净、明亮的教室时钟是必需的。

（147）授予员工"点亮火焰"奖——点亮漂亮的蜡烛并附上感激的话语，送给那些帮助困难学生的员工们，以此奖赏他们付出的时间和努力。

（148）设置"你帮助了我"奖——校长可以先在开学第一周颁发这个奖，然后在学年中的每一周，前一个星期的获奖者将这个奖转赠给下一位获奖人。获奖人以及获奖原因会公布在每周的员工交流公示栏中。

（149）按一周的每一天设计一个主题活动——在学生的帮助下，设计意义重大的周一，令人恐怖的周二，美好的周三，充满思想的周四以及倍棒儿的周五。

（150）"拓展另外150种甜品"日——鼓励员工拓展设计出更多形式的"喂养"方式并一起分享。

我们工作时要彼此用心关照，这样才会成就伟大的事业。要让员工们知道"我们珍视你和你的工作"，这很重要。只有大家一起努力，才有可能为我们的学生创造出最积极向上、最安全的学习和生活空间。同时，所有员工也有责任将"喂养管理者""喂养家长""喂养学生"的活动开展起来。记住，每个人都需要"喂养"。最好的员工懂得回馈，他们会感谢校长、家长以及学生。只有教师们营养充足了，学校的管理者、家长、学生以及我们整个社会才有营养。

　　总结一下，花些时间在甜品（D.E.S.S.E.R.T.S.）上，珍惜品尝每一口，在消化时，认真体会那份美好的感受。 最重要的是，要不断分享你的甜品(D.E.S.S.E.R.T.S.)，那就是，微笑、爱心、庆祝和玩耍。 生活由甜品开始。

　　　　不必在意别人的看法，要知道，大多数人其实很少有看法。
　　　　　　　　　　　　——埃莉诺·罗斯福（Eleanor Roosevelt）

第八章　请付账

生活的目的其实就是生活本身,体会品味每一次经历;
毫不畏惧地、充满渴望地迎接新的、更丰富的经历。

　　　　　　　　——埃莉诺·罗斯福(Eleanor Roosevelt)

用餐感受如何？ 这对你来说是快餐还是美味的大餐呢？ 它让你回味无穷还是消化不良呢？ 你会再要点什么吗？ 对于这样的体验，你愿意付钱吗？ 一些人可能在想："他想要说什么？"另一些人可能在想："和他说的一样。"当然可能也有 10％ 的人在想："他要我付账了。"无论你怎样想，请记住，这份食谱中分享的每一点都有优秀的教育管理者在世界的某个地方实践着。 我真希望可以把他们一一列出来。

在仔细品味、总结我们的用餐感受时，我想再加上几颗餐后薄荷糖（M.I.N.T.S.）（大师级的完胜方法）。 一些薄荷糖我在之前已经提到过，不过在此还是有必要再重复一下。 为了获得圆满成功，下面这几点无论对个人成长或是专业水平的提升都至关重要。 这些薄荷糖很适合"茶余饭后"享用。

（1）照顾自己。

管理者要带头照顾自己，必须使自己身体健康。 实干型的管理者最容易忽视自己的健康。 在第一章中，我曾要求大家完成一份个人的自我评估。 感觉困难是吗？ 可能在这方面我们已经养成谦虚的习惯，觉得如果老是谈论自己的优点未免显得有些自傲。 但是，要照顾好自己就必须对自己诚实。 说你以为别人希望听到的话，做你以为别人想要你做的事，这样的生活不是你的生活。 你必须相信自己！ 我建议你翻回第一章的自我评估部分，诚实地再自我测评一次。 生命很短暂，我们不应该忽略自己的愿望。

（2）多多交流。

你是否交流得足够？ 我想说交流是成功的第二重要因素，仅次于心态。 列出你用于交流的各种方式方法，和员工们讨论讨论，看看这样的交流是否有效。 交流要有热情。

（3）为人友善。

友善是一本无须查证、历史悠久的护照；友善是成功的燃料。你付出友善也将收获友善。 一位友善的教育者就是一位有思想的教育者。 友善就是要为他人付出时间。

（4）始终牢记全体学生的利益。

仁爱的教育管理者永远不会让特殊利益团体左右他们决策。 他们渴望帮助每位学生获得成功和认可，这是不断推动他们前进的力量。 要了解学生、支持学生、欣赏学生。

（5）视改变为机遇。

改变是教育的同义词。 那些无法适应改变的教育者应该另谋职业。 显而易见，在教育过程中，有时仅仅一个谈话也能促成一些改变。 真诚的教育管理者不会安于现状，他们敢于突破；他们着手解决棘手的问题，如前面多次提到的，他们不会浪费时间给石头施肥，给野草浇水。 他们热衷于改变现状。

（6）拥有目标和远见。

每个人做事必须有目标。 无论是个人生活还是工作，都要先明确并坚持你的目标，然后才能努力创造出属于你的未来。 红十字会的目标和宗旨就非常明确，"服务弱者"。 要在以前，如果哪位校领导要敢谈他的远见，他一定被看成异类；而在今天，没有远见就没有未来。 一位从未出事的赛车手分享他成功的原因时说："我只专注于跑道，从不分心去管跑道两边的事儿。"

（7）认清他人的价值。 要重视他人。

人人都希望被欣赏、被认可；人人都希望自己的价值得以体现。一些简单积极的举止就可以让别人的生活有很大的不同。

（8）相信并依靠团队。

优秀的管理者会一开始就着手打造一支有创新精神、彼此支持、有热情的工作团队。 他们定期聚会、分担职责。 同时他也关注校园团队和年级团队。 卓越的管理者会确保没人落单或者独自工作。 只有当学校的各个层面都有团队，每个人都归属某个团队时，团队精神才能得到真正体现。

（9）消除指责。

我们经常指责教育缺乏技巧、资源不足，资金投入不够以及品质不高等等。 停止嚷嚷吧，善用你所拥有的来为大家服务，停止抱怨无法掌控的事；和其他学校合作，多多进行学校间的交流，经常给督学以及地方有关部门负责人发出邀请，尽量请他们参与这些交流，让他们了解学校的最新情况。

（10）放飞梦想，与鹰型员工（E.A.G.L.E.S.）一起翱翔。

如果我们没有梦想，没有如鹰一般精神的人们，我们的国家不会有现在这个样子。有人说教师每天都能看见未来的发明家、科学家，还有诺贝尔奖获得者，只是不知道他们具体是谁。所以，我们必须把每个学生都当作明日的社会栋梁。发挥你的想象，但不要杞人忧天，只要脚踏实地，梦想就会成为现实。

（11）学会放权。

谈到放权，管理者们一定要记住，"教大猩猩跳舞，就要做好跟它一起跳的思想准备，直到它不想再跳为止"。真正的放权在于信任，而不是命令。被赋予权力的员工会充满创造力，会信心百倍。只有那些有安全感、充分自信的管理者才敢于放权。

（12）永远向大雁学习。

管理者既是读者又是学者。我们的世界充满有意义的信息。总有等待我们去发现的事物。下面就是我们可以向大雁学习的：

·当一只大雁扇动翅膀，就会为旁边飞行的大雁带去"提升"气流。以"V"字形队列飞行的雁群要比单独飞行的大雁多飞71％的路程。

经验体会：一个拥有共同目标的团队可以更快、更容易达成更远的目标，因为大家可以彼此推动着前进。

·如果一只大雁意识到自己快要脱离队伍，它会马上努力不让自己掉队，会很快设法回到队伍中，和其他大雁一起，继续往前飞。

经验体会：如果我们有大雁的意识，就会努力跟上和自己有共同目标的队友。

·当领头雁感觉疲倦时,它会退回队列中,由另一只大雁取代它的位置。

经验体会:应该轮流担当劳累的工作,分担领队的责任。

·队列后面的大雁会通过鸣叫来鼓励领头雁保持速度。

经验体会:我们应该保证我们发出的声音是鼓励性的,而不是毫无帮助的。

·当一只大雁生病、受伤或者被击中,两只大雁会离开队列来陪伴它,给它提供帮助和保护。它们会陪着这只大雁直到它可以重新飞翔或者死去,然后它们自己再重新出发,加入另外的队列或者追上自己的雁群。

经验体会:如果我们有大雁的意识,就会像他们一样站在队友身边,随时给予他们帮助、鼓励和支持。

(13)得到所有人的理解,建立充满关怀、以人为本的政策制度。

选择是一种动力。每当强制推行一项措施、一个规则或者一种秩序的时候,人们就没了选择这种动力。每个人必须了解每项决定背后的原因。当人们了解了原因,才会尊重规则。正如亚历山大·露西亚(Alexander Lucia)说过的:"如果你把对方当作成年人看待,他就会表现得像个成年人。"

(14)设定目标。

目标是有期限的梦想。无论是长期或者短期目标,都是通向成功的道路。 因此需要设置并规划你的目标。

（15）发挥才能。

每个人都有自己的闪光点。 找到你的闪光点，找到可以帮助你发挥才能的人。

（16）组织有意义的培训，为员工成长创造机会。

哈维·S.费尔斯通（Harvey S.Firestone）说过："领导的最高职责就是帮助员工成长和发展。"每个人都希望自己变得更好，掌握对将来有用的东西。 成功的教育管理者知道，除非得到适当的、切实有用的指导，人是不能成长和改变的。

（17）按照他人所愿对待之。

优秀的校领导了解自己的员工。 他们能找到员工的"压力点"，询问了解他们的需求。 人与人不同，懂得变通的校领导会尊重每个人做事的方式方法。

（18）选择度过有意义的一天和一生。

懂得"喂养"员工的教育管理者会让每天充满意义。 他们明白，想要有美好的一天，就去努力创造。 他们感恩生活，对未来充满希望。 想要做到这一点，我们可以参照狗狗的做法：

• 当狗狗所爱的人回家时，它们总是跑去迎接。

• 有外出兜风的机会，一定不要错过。

• 即使只有清风拂面，那也不错，也是一种快乐。

• 只要对自己有利，就会服从。

- 当别人侵犯了自己的地盘,就要说出来。

- 小憩一会儿,起来之前伸个懒腰。

- 每天都跑跑、跳跳、玩玩。

- 吸引别人,让人抚摸。

- 如果吼两声可以解决问题,就不咬人。

- 在温暖的日子里,停下来在草地上躺躺。

- 在炎热的日子里,多喝些水,在树荫下歇歇。

- 开心的时候,蹦一蹦,让整个身体都动起来。

- 就算被批评,也不会耷拉着脸,让自己陷入坏情绪……很快恢复情绪,重交朋友。

- 享受散步那种简单的快乐。

- 热情地大口大口地吃,但如果饱了就马上停下来。

- 保持忠诚。

- 永远不伪装自己。

- 如果想要的东西被埋起来了,就一直不停地挖,直到挖到它。

- 当发现有人过得不顺,静静待在他的身边,时不时温柔地咕噜两声。

[感谢我的朋友吉姆·加尔文（Jim Garvin）博士和我分享这段文字]

（19）提问,提问,再提问。

问题是一切知识的来源。 严谨的提问就好像狩猎,你永远不知道会找到什么。 成功的教育管理者不仅要自信面对不同的问题,还要准备好回应刁钻的问题。正如史蒂芬·柯维（Stephen Covey）建议的，要时刻准备"带着质疑的问题"。不过，不得不承认，有些问题的确愚蠢（比如，下午 3 点的员工会议什么时候开始？）但还是要微笑着给予专业的回答。

（20）成为技术型校长。

如果你自己都跟不上时代步伐，就不要指望你的校园团队是 21 世纪的团队。让我感觉最无力的是这样一种教育管理者，他希望员工个个是技术专家，却会对自己说："我还有 xx 年就退休了，没有必要再学习什么新科技。"科技不是一种时尚，它永远不会过时。去网上参加一些课程吧。下面有些和教育相关的好网站，当然，这里列出的只是很少一部分：

- http://www.middleschool.net
- http://ww.ed.gov
- http://www.foundationcenter.org
- http://www.aasa.org
- http://www.ascd.org/Default.aspx
- http://www.nassp.org
- http://www.amle.org
- http://www.nsba.org
- http://www.learningforward.org
- http://www.naesp.org

· http：//www.edutopia.org

· http：//www.21stcenturyschools.com

· http：//www.wallacefoundation.org/knowledge－center
/school－leakership

（21）帮助他人成为优秀的领头人。

真正优秀的教育管理者会尽可能帮助其他人也成为优秀的领头人。 他们教会其他人先抓住矮处的果子，然后一步步成长。 校园团队和委员会都需要优秀的领头人。 不要害怕与他人分享你的知识和技能。

（22）把家长看作你的盟友。

努力让家长们参与进来。 不要找借口说你如何不能——只管去做。

（23）记住那些让一个机构成功的"F"箴言。

在一所好的学校，我们每天都可以听到这些"F"箴言。 这些箴言应该被大声诵读、实践、推广，成为人们的行为模式：

• 灵活(FLEXIBITY) • 反馈(FEEDBACK)

• 自由(FREEDOM) • 前瞻(FORWARD－THINKING)

• 关注(FOCUS) • 面向未来(FUTURE－ORIENTED)

• 公正(FAIRNESS) • 有趣(FUN)

• 眼界(FORESIGHTFULNESS) • 食物(FOOD)

• 家庭(FAMILY) （字面以及寓意）

（24）尝试创新食谱（R.E.C.I.P.E.S.）。

努力过得舒服、成功，保持与其他人的联系。 永远不要停止冒险和尝试。 回顾菜单,选择适合你的菜品。

（25）爱，学习，生活，微笑。

想想一位杂技艺术家的成功经验:"只要把心放在平衡木上，你的人也就在那里。"这也适用于优秀的领导艺术。 管理者决定一所学校的成功或失败，所以让自己成为一位不断进步的管理者，热爱生活、天天学习，把每天都过得充实又愉快吧!

最后的精神食品

这本书总体的观点就是管理一所学校是困难的，需要特别的人，特别的气质，这也是为什么我现在还不是一位教育管理者的原因。 在我们这个世界上，总有那么一群继往开来的优秀管理者。 你们知道是谁吗？ 他们中的一些人已经出现在这本书中了。

不幸的是，我没有时间也没有空间一一列举那些成功的教育管理者以及他们的贡献。 我要祝贺你们，尽管不容易，但你们仍然取得了专业上的成就，获得了大家的掌声，这真让人敬佩。 我真心希望在你们的生活中，也有人每天"喂养"你们。

我希望和你们分享一首我自己写的诗作为结束，它的题目是《生活珍贵，如同你一样》，你们可以经常把它拿出来念念。 愿你们拥有一份美好生活!

生活珍贵如同你一样

创造自己的生活，

选择态度是关键。

如何对待每一天，

决定着成功与失败。

要成功，要思考，

更要爱自己。

欣赏自己的才华，

发现自己的亮点。

吃得好，睡得香，坚持锻炼，

在祈祷中开始每一天。

为工作设定目标，

敢于冒险，学会关怀。

去微笑，去拥抱，

懂得尊重。

不批评不抱怨不哀愁，

坚持成长。

永远不说

"我想如果""我本该""我不能"。

向着成功——放手一搏，

不留遗憾。

人生苦短，

不要浪费，

不要虚度。

不停思考，

不停梦想，

永远说"我能行"！

一年之计，莫如树谷；

十年之计，莫如树木；

百年之计，莫如树人。

——《管子·权修》

你有什么"喂养"你员工的点子吗？

请和我们分享你的菜谱，

我们会很高兴收到你的来信。

书中用到的缩略词

主厨(C.H.E.F.S.)——成功未来的总规划人

甜品(D.E.S.S.E.R.T.S.)——支持、鼓励、奖赏教师的办法

鸭子型的人(D.U.C.K.S.)——专门指责打压成功的人

鹰型的人(E.A.G.L.E.S.)——为了学生，愿意不断学习成长的
教师

"有的吃"(F.E.D.)——获得每日能量

H.A.B.D.F——糟糕的一天档案

喜乐开心（H.A.P.P.Y.）——个性始终是开心愉快的

主食(M.E.A.L.S.)——取得可持续性成功的有效经验

薄荷糖(M.I.N.T.S.)——大师级的完胜方法

食谱（R.E.C.I.P.E.S.）——为了教育教学的成功，督促每个人
应该做的

理智（S.A.N.E.）——自我管理，培养心智

T.G.I.T——感谢上帝，还有今天。

默读（S.S.R.）